ROBERTO CASANOVA

MODO REBELDÍA Y MODO TRANS- FORMACIÓN

ARTÍCULOS Y OTROS ESCRITOS POLITÍCOS 2012–2022

La Asociación Civil
Liderazgo y Visión, creada
en 1995, ha tenido como
objetivos centrales:
• Contribuir a la formación
política de una nueva
generación de líderes, en
los distintos ámbitos de la
sociedad venezolana.
• Promover el debate
ciudadano en torno a una
visión de largo plazo para
Venezuela, basada en la
libertad, la justicia y la
inclusión.

Esta publicación puede
ser reproducida parcial o
totalmente, siempre que se
mencione el origen y el autor,
y sea comunicado a Liderazgo
y Visión.

CONTENIDO

MODO REBELDÍA Y MODO TRASFORMACIÓN

PRESENTACIÓN

Con el autor me enlaza una amistad de un par de décadas, al vaivén de proyectos, conversaciones, sueños, sinsabores y una secular esperanza que inició exactamente en los primeros días de abril de 2002. Aunque no precisamente a consecuencia de los eventos de esa fecha, con tal contexto de origen, podrá usted imaginar con facilidad la naturaleza y caudal de las aguas que han alimentado este fructífero afecto.

Sin embargo, en lo absoluto fue un intercambio exclusivamente bilateral. Nuestra interacción discurrió, por fortuna mayor, en medio del extraordinario y variado equipo que hizo vida y aportes a la asociación civil Liderazgo y Visión (LyV). Maravilloso espacio dedicado al aprendizaje y la reflexión, donde, por fin tropezamos o profundizamos a autores fundamentales no vistos ni mencionados en ninguna de nuestras cátedras de pregrado (confesión que nos hicimos en una de tantas tertulias). Lugar para la especulación productiva sobre el potencial constructivo del país, con un nivel tal de objetividad, transparencia, horizontalidad y desinterés personal, que no podía conducir a otra cosa sino a la constitución de un peculiar ecosistema, cuya principal característica era la creatividad en el abordaje de las cuestiones más importantes relacionadas al hecho público venezolano.

Sólo con los límites de la dignidad de la persona como patrón de convivencia y el indispensable soporte del continuo progreso material en las condiciones de vida, nos dimos a la labor de crear, buscar, debatir y operacionalizar las iniciativas sociales, educativas, informativas o de política pública más pertinentes que estuvieran a nuestro alcance. De esta forma, el espectro de dimensiones sobre los cuales podíamos trabajar era amplísimo y es aquí donde jugó la influencia del autor en la dinámica de nuestra organización.

LyV y Roberto Casanova fueron un binomio, casi que espejo una del otro. Su mente inquieta y disconforme, en mucho, trazó la polivalencia de la organización. Al estilo de Ortega, como él mismo lo hace saber, ha sido un picaflor intelectual que va libando de tema en tema, dejando que las «libres creaciones de su intelecto» vayan brotando conforme se van nutriendo de lo que llega a sus manos.

Cual conjeturador de oficio y muy ávido lector, un afortunado día, en la frontera del medio siglo de vida y seguramente acicateado por la noble Alida, su esposa, Casanova decidió comenzar a sistematizar y darle orden a las numerosas intuiciones y correlaciones temáticas que se tejían dentro de sí. Bendecido con el don de la pedagogía escrita, no solo ha sido un excelente formulador de hipótesis. Se ha aproximado también a la interpretación y explicación del dato y de los hechos a partir del manejo de marcos teóricos pertinentes y suficientes.

Hay mucho desatino en quienes creen que únicamente por vía de la modelación numérica se puede llegar a conclusiones dignas de solidez científica. Si bien es cierto que el significado de los números suele ser más exacto que el de las palabras, al final no dejan de ser más que símbolos o representaciones al igual que las mismas palabras. Y estas últimas han demostrado ser lo suficientemente precisas como para construir teorías, considerando que lo valioso son el poder explicativo y predictivo de las ideas que no la aglutinación de palabras o números (a propósito, por cierto, de la llamada *big data* y el aparente abuso del método algorítmico para estimar todo tipo de comportamiento, incluso los resultados del actual mundial de futbol)

En ese sentido, formalmente se ha sumergido Roberto en el tema de la Economía Social de Mercado (ESM) y su potencial de desarrollo en países como el nuestro. Ciertamente sus últimas publicaciones han estado en esa línea de investigación. Mas les suplico que no se engañen. Casanova, el ensayista, no permanecerá mucho tiempo allí. Saltará a otros temas, retornará a la ESM (siempre lo hace, retorna a sus viejos amores) y volverá a irse.

A la usanza de un sempiterno observador de los grandes temas universales, cual guachimán del humanismo, usará su manojo de llaves para ir abriendo otras puertas y ventanas y así seducirnos a asomarnos o entrar. Es lo que ha hecho desde que le conozco, y creo que lo demuestra con esta entrega.

Nos ofrece con ella una muestra madura de un compendio de temas que le han llamado la atención en los últimos años, como para dedicarse a su estudio y procesamiento, con un abordaje que siempre le ha sido tan propio: el de los ángulos insospechados. Creo que la propensión de su multípara curiosidad, orientada a la máxima elevación de un humanismo integralmente concebido, determina su soltería académica con cualquier línea específica de investigación. Y esto, en el fondo, me parece que es lo que nos quiere transmitir con este, su último libro, por ahora… Si no es así, ruego mis disculpas.

Felipe Benítes
Director Ejecutivo de Liderazgo y Visión

PREFACIO:
¿POR QUÉ LEER ESTA COMPILACIÓN?

1. ALGUNAS ADVERTENCIAS PREVIAS

Este libro es una compilación de artículos y otros escritos políticos que, en su mayoría, publiqué en el lapso de una década (2012-2022).

Al redactar esta concisa descripción he pensado en usted, lector, y en la razonable duda que, al leerla, seguramente le habrá surgido: ¿Para qué molestarme en leer un conjunto de artículos, algunos de los cuales probablemente perdieron vigencia? Este breve ensayo, que hace las veces de prefacio, es mi intento de respuesta.

Debo reconocer, de entrada, que existe cierta pulsión en algunos autores a ir sistematizando su obra escrita. Esta sería, creo, expresión de cierto fetichismo hacia los libros, asociado, en algunos casos, a una antigua creencia: el poder de la escritura y de la lectura para desarrollar y transmitir, de generación en generación, una visión humanista del mundo. Para ser totalmente sincero: yo padezco de ese mal.

Entiendo, sin embargo, que hoy, en el contexto de una sorprendente revolución tecnológica en materia de información y comunicación, los contenidos que un autor genera pueden y deben ser divulgados mediante diferentes formatos, siendo hoy el libro quizás el de menor impacto en la opinión pública.

Supongo entonces que, tal vez, en algún momento, me dedicaré resueltamente a la producción de videos o de podcasts. Por ahora, permaneciendo en mi zona de confort, persevero en la escritura y confío en entrar en contacto con esa comunidad –así sea cada vez más exigua o, tal vez, precisamente por eso– de quienes gustan del sereno rumiar de ideas que los libros permiten.

Sostengo, por otra parte, que esta obra no es un «cajón de sastre.» No es un montón variado y desordenado de textos, pues los artículos y ensayos aquí compilados poseen cierto carácter común –en cuanto a temática e intencionalidad, a perspectiva y argumentación, a emocionalidad y moralidad– que me permite ofrecerlos como un libro orgánico. O casi. Su hilo conductor más general, filosófico si se quiere, es aquella visión humanista a la que me he referido. O, más precisamente, como se verá, una visión humanista liberal y cívica.

2. YO Y MI CIRCUNSTANCIA, OTRA VEZ

La vida de cada uno es encontrarse en medio de una circunstancia y tener que estar haciendo siempre algo para sostenerse en la existencia, escribió Ortega y Gasset. Resumió sus ideas en potentes frases, como: «Yo soy yo y mi circunstancia, y si no la salvo a ella no me salvo yo.»[1]

Pues bien, mi circunstancia es Venezuela. «Mi lengua y cada molécula de mi sangre nacieron aquí, de esta tierra y de es-

1 Ortega y Gasset, José (1914 [1966]). *Meditación del Quijote*.
En Obras Completas (6ta. Edición, Tomo I). Madrid, España: Revista de Occidente.

tos vientos. Me engendraron padres que nacieron aquí, de padres que engendraron otros padres que nacieron aquí, de padres hijos de esta tierra y de estos vientos también»,[2] como cantó Whitman sobre su vida, es decir, sobre él y su circunstancia. Venezuela es parte de mi vida. Su gente y sus maneras de ser, su naturaleza y sus paisajes, sus colores, olores y sabores, sus ideas, valores y creencias, su cultura, su historia y sus tradiciones, sus avances y sus extravíos, todo ello, en mezcla confusa y única, son componentes esenciales del hombre que voy siendo.

Pero, simultáneamente, Venezuela es yo. Expresión inusual, pero gramaticalmente correcta, creo. Yo, como cada hijo de esta tierra, le doy forma, cotidianamente, al país. En interacción con los otros, en uno o varios ámbitos diferentes y cambiantes, soy partícipe de la creación de realidades diversas, aunque casi nunca de manera deliberada. Esto implica, por cierto, que Venezuela en tanto totalidad, no existe realmente en la experiencia de nadie. La circunstancia de cada uno es solo un subconjunto de esa totalidad inaccesible que llamamos Venezuela. Es un ejemplo de la necesidad humana de unificar dentro de conjuntos simbólicos la experiencia de una circunstancia formada por incontables y mutables elementos. El caso es que mi circunstancia, Venezuela, cambia debido a mis acciones y también a mis omisiones, pues no hacer es también un hacer: hacer nada.

Esta idea, según la cual inevitablemente somos condicionados constantemente por la circunstancia que nosotros mis-

2 Whitman, Walt (1855 [1981]). *Canto a mí mismo*. Traducción y prólogo de León Felipe. Buenos Aires: Argentina: Editorial Losada.

mos vamos creando, es una idea fecunda, bien asentada en la teoría social. Un autor le colocó un ingenioso nombre: el bucle prodigioso.

> *La inteligencia humana tiene un sorprendente modo de trabajar. Inventa cosas que revierten sobre ella y la cambian para obrar con más eficacia. Hemos ido elevándonos sobre el nivel de nuestros primos animales creando grúas con las cuales nos aupamos a nosotros mismos. (…) Nos seducimos desde lejos con proyectos. Nos dejamos impulsar por bucles prodigiosos. En esto consiste nuestra grandeza.*[3]

Ser consciente de ese bucle y asumir sus derivaciones es lo que otro autor llamó, mucho antes, imaginación sociológica. La definió de manera inmejorable:

> *…consciencia de la intrincada conexión que existe entre la vida propia y el devenir de la historia del mundo, y de lo que esa conexión significa para el ser humano en el que cada uno se va convirtiendo y en la clase de actividad histórica de la que puede formar parte.*[4]

Pues bien, yo puedo afirmar, que yo soy yo y, en parte, Venezuela, y si no la salvo a ella no me salvo yo.[5] Pero ¿acaso no

---

[3] Marina, José Antonio. *El Bucle Prodigioso*. Publicado5 de enero de 2013, actualizado7 de septiembre de 2021. https://www.joseantoniomarina.net/articulos-en-prensa/el-bucle-prodigioso/

[4] Wright Mills, C. (1961 [2000]). *La imaginación sociológica*. México: Fondo de Cultura Económica.

[5] Escribió Ortega, en su incomparable prosa: «La salvación no equivale

podría decir lo mismo el lector? Quizás, después de todo, esta compilación de textos sí pueda ser de su interés.

3. EN BUSCA DE CLARIDAD Y DE SOLUCIONES

Como tantos otros ciudadanos, yo también necesito alguna claridad sobre mi circunstancia y sobre qué puedo y debo hacer en ella. En este libro recojo parte de mi búsqueda con respecto a asuntos de naturaleza pública. No ha sido ni es tarea sencilla, dada la complejidad de algunos temas, la inevitable falta de información relevante y mis limitaciones personales. Mas no tengo otra opción: debo hacer mi mejor esfuerzo para interpretar los hechos que han ocurrido, los que se hallan en curso y los que podrían acontecer. Comprendo, en tal sentido, que todo hecho social solo adquiere significado si le considera en su temporalidad histórica.

Me he basado con frecuencia, de manera tácita, pero a veces explícitamente, en esquemas y modelos teóricos. No he pretendido, aclaro, empotrar los hechos en tal o cual teoría. Me he dedicado, más bien, a buscar, en la «caja de herramientas» teóricas que he logrado acumular hasta ahora, los modelos que podrían serme de utilidad para identificar el mecanismo causal que estaría operando en la realidad que aspiro a entender. Pienso que esa es la manera adecuada de articular teoría e historia: encontrar entre modelos teóricos que proponen variados mecanismos causales el que mejor sirva

a loa ni ditirambo; puede haber en ella fuertes censuras. Lo importante es que el tema sea puesto en relación inmediata con las corrientes elementales del espíritu, con los motivos clásicos de la humana preocupación. Una vez entretejido con ellos queda transfigurado, transubstanciado, salvado.» Ortega y Gasset, José (1914 [1966]).

para construir una explicación razonable sobre hechos sociales, siempre históricos y particulares. Mi oficio no ha sido ni es demostrar la validez de tal o cual teoría, sino tratar de explicar la situación histórica en la que me ha tocado vivir.

Así, a lo largo del texto se podrán encontrar, no siempre de forma manifiesta, insisto, modelos o conceptos como la lógica de la acción colectiva, el problema de coordinación social, el capital social, la inteligencia colectiva, el teorema del polizonte, la tragedia de los bienes comunes, las instituciones inclusivas y extractivas, la captura de renta, la función empresarial, los significantes vacíos, la lógica del populismo, el centramiento y el descentramiento político, los sistemas autorganizados o las profecías autocumplidas, entre otros.

Por otra parte, las implicaciones prácticas de mis interpretaciones me han estimulado a proponer fórmulas, esquemas, estrategias. Puede haber algo de osadía o de ingenuidad en estas propuestas, aunque siempre he tratado de que sean vistas solo como contribuciones al debate público. No quedarse en la pura contemplación o en la estéril crítica y aplicarse, más bien, con base en nuestra capacidad analítica e imaginativa, a idear soluciones, así sean parciales, a nuestros problemas es, me parece, una forma más plena de estar en nuestra circunstancia y de intentar salvarla. Lo hago, además, porque percibo, desde hace algún tiempo, una crisis de creatividad política en nuestro liderazgo. Por aquí y por allá se hallarán pues, sugerencias que, como velas navieras, podrían desplegarse sobre nuestro presente para ayudar a llevar este barco, en el que viajamos juntos, hacia un mejor destino.

He propuesto fórmulas e iniciativas políticas diversas. Estas se refieren, por ejemplo, a la transformación de lo que fue una Mesa de la Unidad Democrática en Movimiento de la Unidad Democrática, algunos principios para la reinvención de las organizaciones políticas, la creación de un Gabinete Alterno, una estrategia de rebeldía democrática para diputados, el papel de los líderes intermedios, la doble vuelta instantánea para elegir nuestro liderazgo, un Fondo Ciudadano para la Democracia o la organización de protestas diarias y descentralizadas. También he recomendado algunas reglas para la reconstrucción, los modos «rebeldía» y «transformación» para desenvolvernos apropiadamente en nuestra compleja situación histórica, la creación de una Comisión Ciudadana para la Reconstrucción o la adopción del ordoliberalismo –y su expresión práctica, la economía social de mercado– como doctrina política y económica con gran potencial para reconstruir el centro político, imprescindible en la tarea de transformar nuestra sociedad.

Debo señalar que algunas de estas propuestas se basan en ideas presentadas por otros autores o en iniciativas y experiencias de nuestro pasado o del de otros países. No he pretendido ser completamente original. Solo he querido contribuir, reitero, con nuestra lucha por la dignidad y por la república.

4. MODO REBELDÍA Y MODO TRANSFORMACIÓN

He insistido, desde hace algún tiempo, en la importancia de saber colocarnos vitalmente, en forma alternada, en dos «modos» intelectuales, emocionales y prácticos. Los he llamado modo rebeldía y modo transformación.

El modo rebeldía, fundado en la dignidad que cada uno reconoce en sí mismo y en los otros, y que exige sea respetada por todos, nos conduce a enfrentarnos a la dictadura que, desde hace años, intenta someternos a su sistema de dominio. Si bien el término rebeldía se forma a partir de la raíz de *bellum* (guerra), con un prefijo re-, que indica movimiento reiterado, no estoy hablando de una estrategia basada en el uso de la violencia. Ser rebelde, en el marco de una sociedad liberal democrática, significa fundamentalmente resistir y enfrentar a quien, desde el poder, pretende doblegarnos material y espiritualmente.

El modo transformación, orientado a dar forma a un orden social de justicia, libertad y solidaridad, es decir, a una república de verdad, sin numeración, nos impulsa a buscar nuestras mejores ideas y a ponerlas en práctica en cualquier contexto y momento. Sobre todo, cuando hayamos desalojado a la dictadura usurpadora del poder. Transformación, debo precisar, no significa ruptura total con el pasado. Eso es lo que siempre han pretendido las revoluciones, con su tendencia a descalificar el pasado o a manipularlo a su conveniencia. Transformar supone dar una nueva forma a lo que hemos sido y somos. Ello exige comprensión y aprendizaje histórico, pues solo el que sabe lo que ha sido y es puede intentar transformarse en algo distinto y mejor. En tal sentido, hay que aprender incluso de estos tiempos de revolución socialista, pues ellos son una parte, aunque ciertamente trágica, de nuestro devenir histórico.

Rebeldía y transformación no son modos excluyentes. El modo rebeldía puede favorecer o perjudicar a nuestra futura transformación. El modo transformación puede fortalecer o debilitar nuestra lucha en contra de la tiranía. Este prefacio no es el lugar para revisar en detalle estas interacciones y solo he querido dejarlas indicadas. Por otra parte, ambos modos tienen, cada uno, una doble dimensión. Una dimensión externa, expresada en instituciones, políticas y prácticas, y otra interna, referida a creencias, valores, emociones. Vistas así las cosas resultarán comprensibles afirmaciones como: transformándonos a nosotros mismos podremos transformar nuestra circunstancia, o rebelándonos contra lo peor de nosotros mismos sabremos rebelarnos en contra de la dictadura.

5. COORDINACIÓN Y CENTRAMIENTO

Dos temas destacan en los escritos aquí incluidos. El primero, asociado al modo rebeldía, es el llamado problema de coordinación, problema que los sectores democráticos solo hemos podido resolver, ocasionalmente, en forma frágil y efímera. El segundo, relativo al modo transformación, es la creación de un centro político, necesario para alcanzar y adelantar los acuerdos que nos permitan enfrentar el desafío de dar forma a un nuevo orden político y económico.

La rebeldía democrática exige, entre otras cosas, que la acción colectiva frente a la dictadura alcance una masa crítica, ante la cual la capacidad de resiliencia que ella ha demostrado– y que ha sido repetidamente subestimada por los demócratas– finalmente colapse. El logro de dicha masa crítica exige una compleja labor de coordinación. Alcanzo a identificar cinco dificultades a resolver, estrechamente vinculadas entre sí. Primero, los actores políticos democráticos mantienen su disputa por el futuro poder, algo comprensible, dada la naturaleza del liderazgo y las organizaciones políticas, pero, sin duda, limitante en la lucha antidictatorial. Segundo, en conexión con lo anterior, distintos grupos privados, nacionales y foráneos, en defensa de sus intereses, pueden estar influyendo en los actores políticos y restándole margen de maniobra. Tercero, los actores políticos no han compartido un diagnóstico similar sobre la situación histórica que vivimos y, por tanto, no han podido diseñar una estrategia común. Cuarto, los líderes políticos no confían entre sí, lo cual dificulta sus posibilidades para negociar y alcanzar acuerdos creíbles. Quinto, el liderazgo ha sido incapaz de dar forma y encarnar una narrativa política popular, idónea para alinear las demandas y expectativas de la sociedad en torno a un mismo proyecto de cambio.

Por otra parte, la transformación democrática de nuestra realidad requerirá la existencia de un sólido acuerdo social, con clara expresión en un centro político. Por centro político entiendo la «zona» simbólica basada y delimitada por un conjunto de valores y de principios, conocido y respetado por los actores políticos. Lo concibo como un proceso permanente, validado a través de nuestras acciones, y por eso hablo de centramiento. Dicho proceso supone que los inevitables conflictos asociados al poder sean abordados y resueltos dentro de ciertos límites. El centramiento implica también hacer frente a las acciones que lo amenacen, en particular, las que realicen grupos y sectores extremistas que, por su propia naturaleza, se autoexcluyen del centro político.

Una dimensión del centramiento, de primera importancia, pero hoy relegada, de manera preocupante, a un plano secundario, se refiere al debate de las ideas políticas y económicas. La estabilidad política no puede alcanzarse, en una sociedad democrática, únicamente a partir de un *modus vivendi*, es decir, de un arreglo que se base solo en cálculos utilitarios y que, por tanto, puede deshacerse si las posiciones relativas de poder se modifican. El centramiento requiere también una visión compartida de la vida en común que vale la pena crear y cuidar. No se trata de una visión única, aclaro, sino de la identificación de un mínimo común doctrinal. Este acuerdo me parece hoy perfectamente alcanzable y sería la base moral de nuestra estrategia de desarrollo. Al respecto, una opción que vengo estudiando y promoviendo es la ofrecida por el llamado ordoliberalismo, concretada en una economía social de mercado.

Debe ser evidente que una adecuada respuesta al problema de coordinación podría constituir, de hecho, un primer logro en materia de centramiento político. Lo contrario también sería cierto: un acuerdo mínimo doctrinal, dimensión esencial de un centro político, sería un fundamento firme para enfrentar, en mejores condiciones, el problema de coordinación.

Coordinación y centramiento son, en definitiva, dos problemas que nos reclamarán el uso nuestra inteligencia colectiva, de nuestro talento social y político.

6. EN TORNO A LOS ARTÍCULOS

Los artículos compilados, salvo algunas correcciones de pequeños gazapos, una que otra sustitución de términos y la adición de unas pocas notas, se presentan tal como fueron publicados originalmente. Todos fueron escritos, como he mencionado, entre los años 2012 y 2022, con la excepción del breve artículo que cierra la primera parte, publicado en los días de la rebelión estudiantil del año 2007. He incorporado, además, dos textos inéditos, así como una entrevista reciente. Las respectivas aclaratorias y enlaces digitales están debidamente colocados en pies de páginas.

He podido organizar, sin mayor dificultad, los artículos en dos grupos: los del modo rebeldía y los del modo transformación. Dentro de cada grupo los artículos están dispuestos desde el más reciente al más antiguo. Debo destacar que, en varias ocasiones, he usado oraciones y párrafos de artículos previos en la redacción de un nuevo artículo. El lector encontrará, pues, varias repeticiones, reflejo de la continuidad de mi reflexión sobre algunos temas.

Al hacer el balance del número de mis artículos es obvio que soy un articulista ocasional. Nunca me he propuesto escribir de manera regular para los medios de comunicación. Cada artículo respondió, en su momento, a una apremiante necesidad de clarificar mis ideas y de compartirlas con otros. Lo cierto es que me considero un ensayista y que me siento más cómodo escribiendo libros. De cualquier modo, quedan aquí estos escritos, con sus aciertos y sus errores, como memoria sincera y como fuente de conjeturas y propuestas.

7. DIEZ AÑOS Y DIEZ DÍAS

Son innumerables las personas que, a lo largo de todos estos años, me han hecho comentarios sobre estos artículos. Algunos favorables, otros no tanto y varios francamente críticos. De todos he aprendido algo y por ello les estoy agradecido. No me atrevo, sin embargo, a mencionar nombres particulares pues tendría que elaborar un listado extenso y es seguro que muchas personas quedarían injustamente omitidas. Solo me permito referirme expresamente a mis compañeros y amigos de la Asociación Civil Liderazgo y Visión, a quienes agradezco su valiosa compañía y su generoso apoyo.

Quiero relatar, para finalizar, que fue mi esposa, Alida, quien me instó, en días pasados, a escribir un artículo sobre las primarias para elegir el candidato presidencial de los sectores democráticos. Puesto a la tarea tuve una sensación de *déjà vu* que me indujo a revisar algunos viejos artículos. Pude escribir velozmente el artículo en cuestión, a partir de extractos de otros artículos, y luego, sin habérmelo propuesto, me encontré inmerso en la frenética preparación de este libro y de este prefacio. Tarea que me tomó alrededor de diez días, porque el libro ya estaba allí, esperando a cobrar forma en mi conciencia. Fue una experiencia que me hizo recordar las viejas tesis psicológicas de la escuela de la Gestalt.[6] Quiero decir que «me cayó la locha». Se entenderá entonces por qué puedo afirmar que escribir este libro me tomó diez años y diez días.

Roberto Casanova

Caracas, 12 de diciembre de 2022

---

[6] Gestalt es un sustantivo común alemán que significa 'figura', 'forma' o 'configuración'.

1. MODO REBELDÍA: EL PROBLEMA DE COORDINACIÓN

PRIMARIAS COMO GESTA CIUDADANA[7]

La Gran Aldea | 01.12.2022

1. EL LENGUAJE IMPORTA

Mediante las palabras y las proposiciones que con ellas construimos le damos sentido a los hechos que conforman nuestras circunstancias. Esto viene al caso porque, en los complejos tiempos en los que nos ha tocado vivir, varios términos se disputan el predominio en nuestra habla cotidiana y, por tanto, la interpretación dominante sobre nuestra realidad. No es lo mismo hablar del presidente que del usurpador, tirano o dictador; del gobierno que de cleptocracia o régimen mafioso; de sectores opositores que de sectores democráticos; de oposición al gobierno que de rebeldía ante la dictadura; de golpe de Estado que de restitución del orden constitucional. Los años de fracasos, opresión y crisis van atemperando nuestro ánimo, mientras la dictadura no cesa en su esfuerzo de normalizar en la mentalidad colectiva su sistema de dominio. Nuestra cultura política profunda aflora entonces en nuestro lenguaje diario, haciéndonos perder claridad y contundencia en nuestra lucha en contra de la barbarie, de lo que no es definitivamente política. Debo confesar que yo mismo, en ocasiones, he contribuido a ese extravío. *Mea culpa.*

---

7 Este artículo fue redactado, en parte, con extractos de varios artículos publicados a lo largo de años recientes. Pienso que varios de los argumentos presentados en tales escritos siguen teniendo, en algunos casos de manera lamentable, plena vigencia.

2. LA DICTADURA VA A ELECCIONES, OTRA VEZ

La dictadura, decidida, como toda dictadura, a no entregar el poder, se organiza para realizar una nueva elección presidencial. Hará, desde luego, todo lo necesario para que el dictador Maduro resulte victorioso. Es de esperar que profundice su estrategia, basada en sembrar la discordia entre los sectores democráticos; en generar miedo a la represión y a la ruina; en comprar lealtades y chantajear; en desmoralizar a sus adversarios y hacerles perder la esperanza. Y, sobre todo, en mentir con burlona perversidad. Contando con los buenos resultados que dicha estrategia le ha reportado hasta ahora, la dictadura seguramente estará dispuesta a hacer algunas concesiones y ganar así algo de legitimidad. En un escenario de extrema debilidad de los sectores democráticos tal vez ni siquiera precise de trampas para obtener el triunfo. De cualquier modo, si avizorase un elevado riesgo de perder las elecciones siempre podrá intentar un nuevo fraude. Y aunque estas nuevas elecciones tampoco fuesen reconocidas por las democracias del mundo, la dictadura habría mantenido el dominio fáctico sobre el país y habría ganado tiempo, pues en eso consiste el arte autocrático de perpetuarse en el poder.

3. ¿Y LOS MILITARES?

Bien vista, la meta perseguida por los sectores democráticos al participar en unas elecciones presidenciales bajo un régimen autocrático no debe ser que el dictador acepte un resultado que le sea desfavorable, sino que los militares lo hagan. La autocracia venezolana es, entre otras cosas, una dictadura militar. Un sector importante de la Fuerza Armada

–quizá sin gran significación cuantitativa, pero si con enorme poder– actúa como una corporación, enriqueciéndose groseramente y evitando enfrentamientos intestinos que perjudiquen sus parcelas de poder y de negocios. ¿Por qué aceptarían entonces quitar su apoyo a Maduro y dejar de ser parte del sistema de dominio? Porque un cálculo utilitario les haría ver que es su mejor opción. La futura elección pondrá en alerta al mundo militar. Dentro de éste muchos deberán sacar cuidadosas cuentas antes de decidir apoyar, otra vez, por acción u omisión, un fraude electoral cometido por personas acusadas y perseguidas internacionalmente por corrupción y/o por violación de derechos humanos. Un fraude que tendría que ser gigantesco si la participación de los ciudadanos, en su mayoría adversos al continuismo chavista en el poder, es masiva.

4. EL PROBLEMA DE COORDINACIÓN

Se dice que el arte de gobernar consiste en evitar que todos se pongan bravos el mismo día. «Candelita que se prende, candelita que se apaga», dice un refrán que la dictadura conoce y aplica muy bien. ¿Cómo podemos, los millones y millones de venezolanos que rechazamos la dictadura, salir finalmente de ella? Tenemos que resolver, entre nosotros, un problema de coordinación. Que, a pesar de compartir el objetivo de acabar con el régimen dictatorial, nos encontremos fraccionados entre quienes aún esperan por una intervención extranjera, quienes apuestan a una salida electoral, quienes pretenden presionar al régimen hasta su quiebre y quienes, simplemente, se mantienen al margen del proceso político, es algo que favorece al régimen autocrático. Pero es posible, entre otras cosas, superar la falsa contradicción entre la protesta social, la presión internacional y la participación electoral. Estos son mecanismos que no se excluyen entre sí. Podemos dar forma a eventos que nos movilicen, en todos los planos, en contra de la dictadura, alineando los apoyos internacionales y nuestra capacidad de lucha democrática. En dictadura cada evento electoral tiene que ser visto, así, como una «emboscada» democrática a la minoría usurpadora, como un acto masivo de movilización pacífica. Una de las fallas de la dirigencia democrática ha estado, creo, en no haber sabido o podido articular tales medios. Imaginemos entonces la próxima elección presidencial como la mayor protesta social que los venezolanos hayamos jamás realizado, con el apoyo de las naciones libres. Pero para llegar a ese punto de quiebre –pacífico y democrático, insisto– es imprescindible que nos organicemos, que desarrollemos nuestra capacidad para movilizarnos, que nos llenemos de energía. Nuestro reto consiste en contar con un candidato único y unificador, lograr una masiva participación ciudadana y prepararnos, nacional e internacionalmente, con todos los medios a nuestro alcance, para enfrentar eficazmente las reacciones de la dictadura. Este es, según creo, el marco estratégico en el cual debemos pensar la próxima elección primaria del candidato democrático.

5. UNA GESTA CIUDADANA

Unas primarias ciudadanas tienen que ser vista de una manera amplia y transcendental. Es un medio esencial para organizarnos, motivarnos, movilizarnos. Debe ser claro, en tal sentido, que hacer una elección primaria bajo la coordinación del CNE no serviría a esos propósitos y, por el contrario, los entorpecería. Es por todos sabido que en la futura elección presidencial no solo nos enfrentaremos al Poder Ejecutivo sino también a un CNE sumiso, en medida significativa, a los planes dictatoriales. Puede argumentarse, razonablemente, que la realización de las primarias ciudadanas implica contar, entre otros factores, con un padrón electoral apropiado, con eficaces sistemas de contabilización del voto, con numerosos centros de votación, con una masiva y eficaz campaña informativa, con voluntarios que actúen como miembros de mesa y como testigos, y, desde luego, con abundantes recursos financieros para financiar todo el proyecto. Unas primarias ciudadanas son, ciertamente, una tarea ciclópea. Pero la formidable experiencia de la consulta ciudadana del 16 de julio del 2017 nos demostró que somos capaces de organizarnos masivamente, dentro y fuera del país, en poco tiempo, para decidir sobre asuntos colectivos. La democracia es, después de todo, un hábito social profundamente arraigado en nosotros. Esa jornada, perfectible como toda obra humana, constituyó un acto de rebeldía republicana que no debemos olvidar. Unas primarias ciudadanas son, además, una magnífica oportunidad para alinear no solo a los sectores democráticos del país, sino también a gobiernos y organizaciones de otros países que defienden la democracia liberal frente a los amenazantes autoritarismos. No se trata de simple voluntarismo. Es una invitación a la creatividad política y a la amplitud de miras. ¿No es posible acaso que decenas de miles de venezolanos, aquí y afuera, se sumen como voluntarios a esta gesta ciudadana? ¿No podemos contar con el apoyo de organismos internacionales para la observación del proceso? ¿No es posible dar forma a un Fondo para la Democracia, financiado por aportes de los venezolanos y ciudadanos de cualquier otro país? ¿No podría crearse una algo como una Red de Asistencia Tecnológica para la Democracia? Para lograr grandes cosas es necesario pensar en grande.

6. UNA ELECCIÓN MODÉLICA

En unas primarias ciudadanas podrán participar todos los venezolanos, donde quiera que se hallen. En línea con lo establecido por la Comisión Nacional de Primarias, podrá postularse como candidato cualquier ciudadano (con las debidas limitaciones prácticas: contar, por ejemplo, con un determinado número de firmas de apoyo). Las inhabilitaciones, injustas como han sido, no serán un obstáculo para participar, aunque debería prepararse, de manera explícita, el mecanismo que se seguiría en el caso de que el CNE negase, en complicidad con la dictadura, la inscripción a una persona por esa razón. Solo personas claramente asociadas a dicha dictadura, por razones obvias, no podrán participar como candidatos. Mas, si hubiese dudas sobre este particular es preferible preservar el criterio de apertura en la participación: al fin y al cabo, es de esperar que los ciudadanos podamos identificar a los candidatos «alacranes» e infiltrados. Este evento ciudadano puede servirnos también para avanzar hacia un sistema electoral de doble vuelta, tan necesario para elevar la gobernabilidad de nuestro sistema político, una vez recuperada la democracia. Al tratarse de un único evento, podría aplicarse un sistema de doble vuelta *instantánea* (en el cual el votante ordena a varios candidatos, dos o tres, de acuerdo con sus preferencias, de más preferido a menos preferido). En relación con esto debe considerarse seriamente la idea, propuesta desde hace algún tiempo por numerosas personas, de que esa elección primaria sirva también para elegir la dirección política de los sectores democráticos. Podemos, en fin, organizar una elección modélica: con voto manual, con observación internacional, con auditorías serias, con transparencia sobre el origen de fondos de los candidatos.

7. ELEGIR LA ESPERANZA

La gran arma de la dictadura es nuestra desesperanza. Al perder la confianza en nuestra capacidad para cambiar nuestro presente vamos dejando de ser ciudadanos y nos vamos transformando en súbditos de la dictadura socialista o en exilados voluntarios. Mas es bueno recordar que el poder es siempre un juicio de valor: si creemos que la dictadura nos derrotó de manera definitiva pues ella nos habrá derrotado. Pero es mucho lo que los ciudadanos comunes podemos hacer en estos tiempos de desaliento y confusión. Y lo primero es rebelarnos en contra de la desesperanza. Inspirados y organizados, nacional e internacionalmente, podemos dar, de nuevo, una muestra memorable de vocación democrática. Podemos llevar a cabo uno de esos eventos que otorga identidad a un pueblo, concebido no como colectivo humano sino como comunidad de hombres y mujeres libres que comparten una noción de la justicia y una consciencia sobre su devenir histórico. Solo el tiempo disponible para la tarea parece un factor decisivo. Tenemos que darnos prisa. Tenemos que actuar con sentido de urgencia.

REUNIFICACIÓN OPOSITORA
(A PROPÓSITO DE UN ARTÍCULO DE CARLOS BLANCO)

La Paltilla | 20.12.2019

1.

Que los opositores nos mantengamos divididos es una situación ideal para la dictadura. Que, a pesar de compartir el objetivo último, acabar con el régimen chavista, nos hayamos fraccionado entre quienes esperan por una intervención extranjera, quienes apuestan a una salida electoral y quienes pretenden presionar al régimen hasta su quiebre, es algo que la dictadura aprovecha y promueve sin descanso. (Dentro de las fracciones opositoras no incluyo al grupo que mantiene un supuesto diálogo con el régimen pues al sumarse a esa iniciativa embaucadora dejaron de ser opositores para convertirse en colaboracionistas). Mientras eso ocurre la mayoría de los ciudadanos solo piensa en cómo sobrevivir, cómo acomodarse, cómo emigrar.

2.

Sin unidad opositora no habrá democracia. Por eso no debemos renunciar a la creación de puentes entre nosotros. Al respecto, un artículo reciente de Carlos Blanco, titulado «Si es la fuerza, ¿cómo?», me parece una buena oportunidad para plantear algunas ideas.[8] En ese texto, breve pero sustancioso, Carlos sintetiza su opinión sobre la manera de acabar

8 https://www.noticierodigital.com/2019/12/si-es-la-fuerza-como/

con la dictadura. Critica, para empezar, a quienes proponen participar en elecciones bajo dictadura. Hacerlo sería, en su opinión, simple entrega o negociación acomodaticia. La opción realista y válida sería el uso de la fuerza. Por fuerza entiende una «combinación de medidas de carácter cívico –incluidas formas no violentas–, con desobediencia militar, con presión internacional política, diplomática y militar.» Con tal definición toma distancia, aunque no lo diga, de quienes se limitan a proponer o a esperar una intervención armada extranjera. El desafío es, según Carlos, construir la fuerza necesaria para desalojar a la dictadura del poder, algo distinto a fuerza electoral. Esa fuerza –no electoral, repito, ejercida con inteligencia estratégica, podría quebrar al régimen. Para esto se requeriría de un liderazgo capaz de alinear a todos los factores relevantes, sin subordinarse a ninguno de ellos, especialmente a Estados Unidos.

3.

Paso ahora a realizar un ejercicio de acercamiento entre posiciones. Asumo la premisa de que el objetivo central de quienes las promueven es el mismo –la salida del dictador– y que la discrepancia entre ellas se ha referido y sigue refiriéndose a las estrategias sobre cómo lograrlo. Podrá objetarse, con razón, que no toda la dirigencia opositora busca realmente la caída de Maduro y que unidad no debe ser equivalente a unanimidad. Asimismo, podrá argumentarse correctamente que los demócratas venezolanos nos enfrentamos a una compleja y corrupta red política y económica de carácter internacional y no a una simple dictadura. Son precisiones que resultan muy relevantes, pero que no invalidan, creo, lo que plantearé.

4.

Coincido con la tesis del uso de la fuerza, tal como la presenta Carlos. Fuerza no es sinónimo de violencia ni de amenaza de su uso, aunque no las excluye. Pero, me pregunto, ¿no es esto lo que ha llamado *Guaidó* creación de capacidades? Y si no lo fuese ¿hay acaso una brecha insalvable entre ambos planteamientos?

5.

No estoy de acuerdo, por otra parte, con descalificar a toda participación electoral como algo que se acuerde «al lado de un *fruit punch* en una deliciosa playa de Barbados», como afirma irónicamente Carlos. Participar de cualquier modo podría ser, efectivamente, simple cohabitación. Pero participar en elecciones, con el objetivo *real* de acabar con la dictadura es otra cosa.

6.

Pienso, pues, que estar de acuerdo con el uso de la fuerza y, al mismo tiempo, considerar la participación en elecciones no es contradictorio. En efecto, el uso de la fuerza *no* electoral puede encontrar en una coyuntura electoral una circunstancia propicia. Puede ser, para decirlo brevemente, una legítima «emboscada democrática». Se que no lo hemos logrado antes. Se, también, que el poder electoral es ilegítimo. Se, además, que la dictadura intentará, de nuevo, robarse las elecciones si anticipase una derrota. Pero precisamente porque hemos aprendido y porque sabemos cómo actuaría la dictadura es que tendría sentido plantearse esta nueva batalla.

7.

La dictadura también sabe todo esto y, sin embargo, se prepara para unas elecciones parlamentarias. No cabe duda alguna, insisto, que, de ser necesario, cometerá un nuevo fraude. Pero tal vez no tenga que hacerlo. Unas elecciones, tal como están las cosas ahora en el mundo opositor, ahondarían nuestras divergencias, interna y externamente. La dictadura, contando con nuestra desmovilización, nuestra desunión y nuestra emigración, podría hacer algunas concesiones para ganar algo de legitimidad. Tal vez ni siquiera necesite hacer trampa para obtener la victoria. Intentaría conseguir así lo que tanto requiere: una Asamblea Nacional chavista que le sirva para destrancar la situación en la que las sanciones internacionales la han colocado.

8.

Un evento electoral en dictadura no se enfrenta con una campaña tradicional. Es preciso concentrar toda la fuerza opositora —electoral y no electoral— en ese encuentro ante el adversario. No es cuestión de exigir condiciones para participar, pues ello supone depender de lo que la dictadura decida o no hacer. Nuestra creatividad política nos debe servir para pasar a la ofensiva y acometer iniciativas propias. ¿No podríamos, por ejemplo, partidos y ciudadanos, en cumplimiento de la obligación de restablecer la Constitución, organizar en el extranjero los futuros eventos electorales? La experiencia del 16J del 2017, la existencia de embajadores democráticos y el apoyo de numerosos gobiernos le darían factibilidad a una jugada como esa.

9.

La meta no debe ser, en todo caso, que Maduro acepte un resultado desfavorable para él, sino que los militares lo hagan. En este punto surge, naturalmente, la referencia a la reciente experiencia de Bolivia. Cualquier comparación, sin embargo, debe considerar las diferencias entre las fuerzas armadas venezolanas y las de ese país. La dictadura venezolana es, entre otras cosas, una dictadura militar. Es de esperar, por tanto, que las fuerzas armadas actúen como corporación y eviten un enfrentamiento entre ellos. ¿Por qué los militares aceptarían entonces quitar su apoyo a Maduro? Porque un cálculo utilitario les haría ver que es su mejor opción. En ese caso, incluso la dictadura cubana tendría que negociar la salida del dictador.

10.

En Venezuela existen hoy tres ámbitos de negociaciones decisivas y todas ellas se refieren a la esfera militar. Es lamentable que así sea, pero hay que ser realista en esta materia. Los militares negocian con la élite izquierdista en el poder, negocian con los factores opositores, interna y externamente, y negocian entre ellos mismos. Hasta ahora ha sido la élite madurista la que lo ha hecho mejor. Un artículo de Pedro Benítez, llamado «Esto pasa en Venezuela: Maduro desconfía de los militares y los militares desconfían de Guaidó», arroja importantes pistas sobre el asunto.[9] De cualquier modo, toda futura elección pondrá en alerta al mundo militar. Éste deberá sacar de nuevo sus cuentas antes de de-

9 http://www.digaloahidigital.com/articulo/esto-pasa-en-venezuela-maduro-desconf%C3%ADa-de-los-militares-y-los-militares-desconf%-C3%ADan-de

cidir apoyar, otra vez, un fraude electoral que tendría que ser enorme si la participación opositora es masiva. Que la oposición, con el apoyo internacional, ejerza la máxima presión posible en esas circunstancias tiene pleno sentido. Hablo pues de una conjunción de fuerza electoral y fuerza no electoral en una coyuntura propicia.

11.

No me resigno, en definitiva, a que el encono y la desconfianza que han surgido entre los opositores nos impidan acordar y ejecutar una estrategia conjunta. Sería terrible que, como consecuencia de ello, no acumulásemos la fuerza necesaria para fracturar al régimen y que, siendo innegable mayoría, divididos y desmovilizados, tampoco pudiésemos ganar futuras elecciones.

12.

Es mucho lo que los ciudadanos comunes podemos hacer en estos tiempos de desaliento y confusión. Primero, ser parte de la fuerza no electoral a la que me he referido, pero también, eventualmente, de una fuerza electoral. Segundo, ser, dentro del ámbito de influencia de cada uno, factores de integración y concordia. Tercero, aprender a administrar nuestras expectativas para evitar frustraciones. Cuarto, exigir a nuestros líderes que acuerden una estrategia única. Quinto, aceptar que la información que manejamos es limitada (sobre todo la relativa a la esfera militar) y no juzgar, por tanto, de manera tan categórica como a veces hacemos, las acciones de nuestros líderes. Que todo esto ocurra es uno de mis deseos para esta Navidad. Es también, seguramente, el deseo de muchos compatriotas.

OFENSIVA DEMOCRÁTICA

La Patilla | 23.09.2018

1. UN PAÍS SIN PRESIDENTE

A partir de enero próximo Venezuela no tendrá un presidente legítimamente electo. Este hecho se puede convertir en una gran oportunidad para que la mayoría del país y la comunidad internacional democrática diseñen y ejecuten, en conjunto, una estrategia orientada al logro de un *objetivo central*: realizar una elección libre y justa para escoger al presidente que liderará un gobierno de reconstrucción nacional.

2. ¿ELECCIÓN VS FRACTURA?

Es innecesario argumentar que la dictadura socialista no querrá hacer esa elección. Obviamente no lo deseará: es una dictadura. Pero precisamente por esa razón la exigencia de esa elección debe ser nuestra bandera política. Alrededor de ella la protesta interna y la presión externa podrán alinearse. Y quizás así se logre desencadenar una crisis política que nos permita alcanzar un objetivo *previo* al referido objetivo central: fracturar a la dictadura. En otros términos: la dictadura nunca hará una elección democrática en la que, sin duda, perderá el poder, pero al negarse a hacerlo puede generarse una crisis —política y, sobre todo, militar— que ocasionará que lo pierda. Hay que superar definitivamente el falso dilema entre exigir elecciones y lograr la caída de la dictadura. Una cosa puede llevar a la otra.

3. EL MOMENTO DE LOS LÍDERES INTERMEDIOS

Es necesario aceptar que nuestros líderes nacionales carecen, en la actual coyuntura, de la capacidad para articularse entre sí y que ninguno de ellos, en solitario, puede convocar a la mayoría de los sectores democráticos, nacional e internacionalmente. Es una circunstancia trágica pero no por ello los demócratas tenemos que resignarnos a la nada política. Necesitamos que otros líderes, tal vez poco conocidos a nivel nacional, pasen a jugar un papel trascendental. Nos referimos a líderes que pueden unir y organizar, cada uno de ellos, a pocos miles de personas y que actúan en diversos ámbitos y ciudades. La creación de un grupo conformado por estos líderes *intermedios* puede tener, por el poder creador de la sinergia, un efecto social y político muy significativo. Un cálculo trivial aclarará este punto. Un líder intermedio puede coordinar, digamos, a unas 2.000 personas. Luego, unos 50 líderes intermedios, coordinados entre sí, podrían convocar a unas 100.000 personas. Esta sería, sin duda, una masa crítica capaz de motorizar diversas iniciativas estratégicas.

4. VÍCTIMAS DEL SOCIALISMO DEL SIGLO XXI

Una de las carencias de la lucha democrática de los años recientes ha sido la desconexión, discursiva y política, entre las terribles penurias que padece hoy la población y la única manera de superarlas: la sustitución de la dictadura socialista por un gobierno democrático. El desafío consiste en hacer comprender a quienes protestan que las causas de sus males son el régimen socialista del siglo XXI y la corrupción que ha nacido dentro de sus entrañas. Debe lograrse que todas las protestas sociales sean percibidas como *equivalentes*, pues todas son expresión del descontento de las *víctimas del socialismo del siglo XXI*. Al respecto es importante hacer ver que el llamado *paquete rojo* no está orientado a solucionar los problemas de la hiperinflación, el desempleo o la escasez. Su propósito es otro: promover la emigración, minimizar al sector privado, generar mayor dependencia de la sociedad con respecto al gobierno. El *paquete rojo* aspira, en otras palabras, a hacer de Venezuela una sociedad más pequeña, más pobre y más sumisa.

5. CONSULTA CIUDADANA Y DIRECCIÓN POLÍTICA

Una iniciativa estratégica que viene cobrando fuerza es la selección de una dirección política opositora. En las circunstancias actuales esta iniciativa solo podría y debería ser adelantada por ciudadanos organizados. Esta no será, debe aclararse, una jugada en contra ni al margen de los partidos. Así, aprendiendo debidamente de la experiencia del 16J del año pasado, podría organizarse una nueva *consulta ciudadana*. Ella nos serviría para movilizarnos y organizarnos, dentro y fuera del país. Podría convertirse en una elección modélica: con voto manual, con observación internacional, con auditorías transparentes. Ciudadanos inspirados y organizados, nacional e internacionalmente, podríamos dar, de nuevo, una muestra memorable de vocación democrática.[10]

10 https://www.lapatilla.com/2018/05/16/acusaciones-mutuas-vs-plan-unitario-por-roberto-casanova/

6. RECREAR EL CENTRO POLÍTICO

Cada política pública o cada cambio institucional se apoya, inevitablemente, en una interpretación de la realidad, una valoración de prioridades, una escogencia de medios. El ejercicio del poder no es reducible a un asunto de técnicas y de gerencia. El debate entre doctrinas es pues una dimensión inseparable de la política. La política, en un sentido profundo, trata de la representación, difusión y evolución de visiones alternativas de la sociedad. Toda democracia sana cuenta con un sustrato profundo de concordia, reflejo de una actitud moderada en el debate de las ideas y en la disputa por el poder. La recuperación de dicho centro es una tarea pendiente para los venezolanos, una tarea que cobrará especial importancia en los tiempos de la reconstrucción que nos corresponderá asumir. En esa tarea los sectores democráticos pueden inspirarse en la llamada *economía social de mercado*. Se trata de una doctrina *centrista* con la capacidad para generar una zona de acuerdos entre quienes se ubican en posiciones aparentemente antagónicas en el espectro doctrinario, como socialdemócratas y liberales.[11]

7. LA REACCIÓN DE LA DICTADURA

Es de esperar que la dictadura socialista, actuando estratégicamente, reaccione tratando de sembrar, otra vez, la discordia, entre quienes la adversan. Un antiguo consejo de *Sun Tzu* le ha sido útil hasta ahora: «Si las tropas enemigas se hallan bien preparadas tras una reorganización, intenta desordenarlas. Si están unidas, siembra la disensión entre sus

11 https://prodavinci.com/una-vision-de-centro-para-la-reconstruccion/

filas. Ataca al enemigo cuando no está preparado y aparece cuando no te espera. Estas son las claves de la victoria para el estratega.» Con ese propósito la ilegítima ANC podría, por ejemplo, convocar a un referéndum para aprobar una nueva Constitución. El dilema ante esta situación seguramente polarizará las posiciones dentro de los sectores demócratas. Se trataría de un dilema similar, aunque de mayor significación, al que las próximas elecciones de concejales han planteado. Las tesis de participar o no en estos eventos electorales cuentan con razones de peso y es improbable que alguno de los sectores enfrentados logre convencer al otro. En este sentido el peor escenario es que ese choque de posiciones cree una escalada de mutuas descalificaciones que comprometa las posibilidades para diseñar y ejecutar alguna estrategia conjunta. El mejor camino para sortear los obstáculos que la dictadura colocará parece ser entonces que cada sector defienda su posición, pero sin infamar a quienes defiendan la posición contraria. Lo esencial es conseguir que la oposición cuente con una agenda política propia y no se limite a reaccionar, sin estrategia ni acuerdos, a las acciones adoptadas por la dictadura.

8. LA BATALLA DE LAS EMOCIONES

La gran arma de la dictadura es nuestra desesperanza. Al perder la confianza en nuestra capacidad para cambiar nuestro presente dejamos de ser ciudadanos para transformarnos, lenta pero inexorablemente, en súbditos de la dictadura socialista o en exiliados voluntarios. Pero el poder es siempre un juicio de valor. Si creemos que la dictadura nos venció de manera definitiva pues ella nos habrá derrotado.

No es un asunto de verdades sino de decisiones. Podemos elegir la esperanza y pasar, otra vez, a la ofensiva en esta larga lucha por la libertad y la democracia.

ACUSACIONES MUTUAS VS. PLAN UNITARIO

Dígalo ahí digital | 04.2018

A. ESTRATEGIAS EN JUEGO

1. Los que no participarán en la jornada del 20M sostienen que: a) ese día no habrá realmente una elección; se trata de un acto ilegítimo que no debe ser reconocido; b) aunque se actuase pragmáticamente y hubiese votación opositora masiva, de cualquier modo, la dictadura manipulará otra vez los resultados; c) hay que aumentar la presión tanto interna y como externa hasta fracturar al régimen.

2. Los que participarán este domingo afirman que: a) una votación opositora masiva servirá para fracturar al régimen (pues dentro de éste no habrá acuerdo para cometer un fraude que tendría que ser enorme); b) la situación económica, social e internacional es insostenible y, por tanto, los sectores potencialmente disidentes del régimen requieren un interlocutor confiable para dar forma a una transición; c) Falcón y quienes le acompañan, incluso perdiendo, contarían con la confianza de esos sectores y ello facilitaría esa eventual transición.

3. Los sectores *cubanófilos* del régimen, con Maduro a la cabeza (sin ironía), se proponen: a) ganar la «elección» presidencial de cualquier forma; b) reprimir con violencia toda protesta; c) profundizar las formas de control social; d) crear falsas expectativas en opositores leales que acepten los resultados de la «elección»; e) convocar el proceso revocatorio de diputados de la Asamblea Nacional; f) convocar un referéndum para aprobar el proyecto de Constitución comunista; g) aceptar las condiciones que Rusia y China le impongan a cambio de su apoyo; h) aguantar el aislamiento internacional, tratando de victimizarse.

4. Una parte del régimen, que no comparte el modelo neocomunista, busca: a) separarse del sector cubanófilo; b) negociar con un sector opositor que le resulte confiable (¿Falcón?); c) negociar con EE.UU. y otros gobiernos; d) dejar o compartir el poder pagando el menor costo posible.

B. DILEMAS OPOSITORES

5. Es necesario reconocer que quienes no participarán en la jornada del 20M solo tienen como plan, hasta ahora, la creciente presión internacional. Este es, sin duda, un ingrediente imprescindible en esta lucha democrática, pero no luce como suficiente para provocar la fractura del régimen. En todo caso, estos sectores no tendrán dudas el lunes 21M: ese día seguiremos en dictadura.

6. Quienes votarán no podrán, con alta probabilidad, hacer triunfar a Falcón. ¿Qué harán entonces? ¿argumentarán que hubo fraude? ¿podrán comprobarlo sin haber contado con la organización requerida para vigilar el proceso? ¿O quizás culparán de su fracaso a los «abstencionistas» y/o a la participación de un tercer candidato (Bertucci)? Pero, sobre todo, ¿reconocerán a Maduro como ganador? ¿acaso dejará éste de ser un dictador? Y si no es así, ¿con qué argumento lo desconocerán?

7. Estas son preguntas válidas. No son formuladas con el ánimo de profundizar la brecha entre nosotros, los demócratas. Votemos o no el 21M Maduro seguirá siendo dictador. Todos coincidimos en eso, pero quienes votarán deben decir cómo manejarán el asunto si, como todo indica, Maduro consuma su plan.

8. Lo que menos necesitaremos, a partir del 21M, serán las acusaciones mutuas. No tendrá mucho sentido que quienes voten sostengan que de no ser por la «abstención» Falcón hubiese triunfado y la transición habría comenzado. Pero tampoco será muy útil que quienes no participen argumenten que, de haber votado, la dictadura habría manipulado los resultados a su favor. Ambas afirmaciones serían hipótesis difícilmente comprobables. Entre otras razones porque las cifras, manipuladas a su antojo por el régimen, no reflejarán nuestra coyuntura política. Lo relevante es que caer en esa discusión será políticamente estéril. Nos hundirá en un pantano de imputaciones, ante la torcida sonrisa del dictador.

C. HACIA UN PLAN UNITARIO

9. Los sectores demócratas, participen o no en la jornada del 20M, están esencialmente unidos pues tienen un objetivo común: el cambio político. Por otra parte, aunque no sea evidente, las tácticas que utilizan también están alineadas al perseguir el mismo objetivo intermedio: la fractura de la coalición gobernante. La diferencia está en que unos intentan lograrla ganando la confianza de un sector de esa coalición y otros colocando sobre ella toda la presión internacional que sea necesaria. En cierto modo, sin decirlo o sin saberlo, los dos sectores opositores están desempeñando los papeles complementarios de «policía bueno y policía malo».

10. A partir del 21M los sectores demócratas enfrentarán el reto, moral y político, de reencontrarse para continuar juntos la lucha por la libertad y la democracia. Las bases de un plan compartido podrían consistir en lo siguiente:

a. Ratificar el desconocimiento de Maduro como presidente legítimo. Esta es, en realidad, una condición imprescindible para cualquier esfuerzo unitario. (Sugerencia para Falcón ante su posible dilema con respecto al desconocimiento de Maduro: declare que su reconocimiento a éste dependerá de si se comporta o no democráticamente en el futuro, no de su supuesto triunfo en una dudosa elección).

b. Convocar una consulta ciudadana con un objetivo preciso y viable: elegir el grupo de personas que liderará la lucha democrática. (Un pensamiento para quienes duden, con razón, de una nueva consulta: «Las cosas, para hacerlas bien, es preciso hacerlas dos veces: la primera enseña la segunda», Bolívar, carta al Gral. Sucre, 24 de mayo de 1823).

c. Crear un Gabinete alternativo, compuesto por grupos de especialistas que hagan constante seguimiento a la situación económica y social del país y propongan, con rigurosidad y, al mismo tiempo, con gran sentido pedagógico, soluciones factibles en libertad y democracia. Este Gabinete prefigurará un futuro gobierno de unidad nacional.

d. Mantener el objetivo de realizar una elección presidencial verdaderamente democrática. Ante una dictadura esa es, lógicamente, la demanda esencial. (Se entiende, por tanto, que si esa elección llega a realizarse será porque el régimen se ha fracturado y la democracia estará formalmente recobrándose).

e. Hacer el trabajo político, pendiente desde hace rato, de alinear las protestas sociales que ocurren y seguirán ocurriendo a diario mientras el gobierno socialista sostenga sus devastadoras políticas. Hay aquí una tarea de construcción de significados: toda protesta debe entenderse como un rechazo a la dictadura socialista. Este no es un trabajo solo de partidos políticos que viven una crisis de credibilidad. Es, fundamentalmente, una tarea de numerosas organizaciones civiles que actúan, con admirable entereza, en diversas áreas de la vida social.

f. Aumentar la presión internacional de los gobiernos demócratas que rechazan la dictadura de Maduro, manteniendo el énfasis puesto en las sanciones a la élite del régimen incursa en delitos de corrupción, narcotráfico y violación de derechos humanos.

g. Hacer lo necesario para que se ejecute un plan de atención inmediata a la crisis humanitaria. (Se ha sugerido, entre otras cosas, colocar contenedores con alimentos y medicinas en las fronteras de otros países con el nuestro: esta sería, sin duda, una acción de enorme impacto comunicacional y político).

h. Preparar, desde ahora, el enorme trabajo de la reconstrucción del país. Y aunque es cierto que en diversos contextos la reconstrucción empezará propiamente después de la dictadura, incluso allí el diseño de los cambios necesarios y el desarrollo de capacidades para materializarlos tienen que comenzar ya.

ANTES, DURANTE Y DESPUÉS DEL 22 DE ABRIL

La Patilla | 07.02.2018

Al menos cuatro principios estratégicos deben estar claros ya entre los demócratas que perseveramos en nuestra oposición al régimen que destruye al país. Primero, los venezolanos estamos inmersos en un histórico conflicto de poderes de escala internacional. Segundo, la minoría gobernante no abandonará el poder democráticamente, sino en medio de una crisis política. Tercero, los demócratas debemos aprovechar cada coyuntura electoral para propiciar una crisis política. Cuarto, no podemos saber cuál crisis expulsará finalmente a la minoría gobernante del poder, aunque sí sabemos que, sin presión, nacional e internacional, ello no ocurrirá. Debemos, en síntesis, pensar estratégicamente y actuar en cada coyuntura, como la planteada por la elección presidencial convocada por la dictadura.

1. ES INÚTIL TENER UN CANDIDATO OPOSITOR «POR SI ACASO»

Varios dirigentes políticos defienden la idea de participar en la elección presidencial convocada por la dictadura. Claudio Fermín, por ejemplo, sostiene que debemos aumentar la presión para que el régimen mejore las condiciones electorales y organizarnos para garantizar la participación masiva de la mayoría que somos. «Vamos a ir a votar, no para convalidar la trampa, sino para derrotar la trampa», afirma.[12] Ello supone, desde luego, contar con un candidato pues ¿qué pasaría si no lo tuviésemos? Que la dictadura cedería en algunas de las condiciones que exigimos y, sin embargo, no sería de ningún provecho para los sectores opositores por no haber inscrito a un candidato.

El punto, sin embargo, es que si la oposición inscribe un candidato con potencial para vencer la dictadura simplemente hará lo necesario para que eso no ocurra. Si la abstención es alta, como es de esperar, esa tarea le resultará más sencilla. El escenario más probable, sin embargo, es que la oposición se divida entra quienes participarán y quienes no lo harán. El o los candidatos opositores que participen serán entonces fácilmente derrotados. Maduro ganará en cualquier caso y la oposición, escindida y desprestigiada, enviará una señal equívoca a la comunidad de gobiernos democráticos que la apoyan.

Es de suponer que Claudio, como político experimentado, entiende claramente esto. Frente a estas críticas, sin embargo, ha argumentado que no podemos cruzarnos de brazos y se pregunta: si no participamos ¿qué haremos el día después? Y este es un buen punto.

2. LUCHAR POR LAS CONDICIONES ELECTORALES ES LUCHAR CONTRA LA DICTADURA

Trino Márquez plantea que los demócratas debemos centrarnos en la lucha por condiciones electorales y que si no lo-

12 https://www.lapatilla.com/site/2018/02/10/claudio-fermin-presento-sus-ideas-de-gobierno-por-presidenciales/

gramos tener éxito en dicha lucha no debemos participar en el próximo evento electoral.[13] Difiere entonces de posiciones como las de Claudio, aunque no asume una posición abstencionista sin retorno pues, en su opinión, si las condiciones mejoran sustantivamente la participación tendría sentido. Al fin y al cabo, la mayoría del país rechaza al régimen y debe aprovecharse cualquier oportunidad para que la opinión de esa mayoría se exprese.

Comparto con Trino que «a estas alturas, ya no es suficiente contar con un candidato de unidad, un programa de gobierno y una estructura organizativa bien engranada para ganarle a un gobierno, ciertamente impopular y nefasto, pero que ha transformado las elecciones en una forma eficaz de prostituir la democracia y el voto». Participar implica perder. Y no solo una elección sino también la poca credibilidad del liderazgo opositor, al tiempo que desalinearnos de la estrategia adoptada por un creciente número de gobiernos democráticos. No participar, en cambio, puede convertirse en un hito en nuestra lucha por la integridad electoral. Maduro podrá ganar esta en esta farsa, pero deberá pagar el mayor costo posible, abriéndose entonces escenarios que, eventualmente, lo desalojarían del poder.

La coyuntura electoral debe convertirse pues en una crisis política.

3. UN DÍA DE PROTESTA PACÍFICA Y DESCENTRALIZADA

Muchos hablan de la abstención activa, aunque en este mo-

13 https://www.lapatilla.com/site/2018/02/14/elecciones-con-esas-condiciones-no-por-trino-marquez/

mento no sabemos, con claridad, en qué consistirá tal cosa. Esta es una tarea pendiente para el liderazgo.

Es claro que no participar no significa permanecer en nuestras casas. Pero tampoco significa salir a las calles, en marchas masivas, para ser otra vez víctimas de la represión de un régimen sin alma. De las duras y gloriosas jornadas de protestas del año pasado aprendimos cuáles son las tácticas de protesta más eficientes y de menor riesgo ante fuerzas criminales. Podemos sacar el coraje necesario, durante ese día, para enviar un mensaje categórico a la dictadura y al mundo.

Pero debemos estar claros: la reelección del dictador, aunque empañada, ocurrirá. Si no definimos entonces los siguientes pasos de nuestra lucha el efecto que ese hecho generará puede ser una nueva y profunda frustración. Justamente lo que espera el régimen.

4. UNA ELECCIÓN ALTERNATIVA AL MARGEN DEL CNE

Los demócratas debemos reencontrarnos. La complejidad de estos tiempos, la desconfianza entre nosotros, los errores sin responsables, la tarea de socavamiento de la dictadura, nos han debilitado. Debemos hallar la manera de diseñar y ejecutar una maniobra estratégica que nos sirva para renovar la dirección política y para motivarnos.

En otro artículo he desarrollado la idea, impulsada por varios grupos ciudadanos, de realizar una elección al margen del actual CNE.[14] Esa elección constituiría un acto de rebel-

14 https://www.lapatilla.com/site/2018/02/02/roberto-casanova-un-presidente-rebelde/

día democrática del cual surgiría un «presidente rebelde» o, para ser precisos, un líder opositor con amplio apoyo político.

La formidable experiencia de la consulta ciudadana del 16 de julio del 2017 nos demostró que somos capaces de organizarnos masivamente, dentro y fuera del país, en poco tiempo, para decidir sobre asuntos colectivos. Aunque sabemos que ello no fue suficiente, pues las expectativas y agendas de ciudadanos y líderes no estuvieron realmente alineadas. El líder que elijamos democráticamente y el equipo que le acompañará tendrán entonces, entre otras cosas, la responsabilidad vital de unificar nuestros esfuerzos.

Podemos organizar una elección modélica: con voto manual, con observación internacional, con auditorías transparentes. Incluso con una doble vuelta instantánea (en la cual el votante ordena a varios candidatos, dos o tres, de acuerdo con sus preferencias, de más preferido a menos preferido). Ciudadanos inspirados y organizados, nacional e internacionalmente, podemos dar, de nuevo, una muestra memorable de vocación democrática.

Carmen Beatriz Fernández comparte el planteamiento y define esta elección alternativa como una «maqueta» para escoger al líder de la oposición.[15] Argumenta, en tal sentido, con cierta razón, que la idea de un «presidente rebelde» puede ser contraproducente. De su artículo se deriva, sin embargo, que esa elección alternativa podría ocurrir antes de la elección del 22 de abril y que participar o no en ésta última

15 https://www.lapatilla.com/site/2018/02/09/la-maqueta-de-la-democracia-venezolana-una-replica-a-roberto-casanova-por-carmenbeat/

sería un asunto secundario. Pienso que concebida así la propuesta pierde fuerza porque se trata, insisto, de un acto de rebeldía democrática derivado de nuestro rechazo a la elección dictatorial. Es una opción para el día después.

5. LA ELECCIÓN ALTERNATIVA PUEDE SER TAMBIÉN UNA OPORTUNIDAD PARA REINVENTAR A LA OPOSICIÓN

La idea de crear un «frente» para enfrentar nuestros diversos desafíos aparece de nuevo en el debate público. La lucha en contra de la dictadura, la articulación de la protesta social, la atención a la emergencia humanitaria, la preparación de la estrategia nacional de reconstrucción y desarrollo exigen un esquema organizativo diferente al que hemos tenido hasta ahora. Hace poco más de un año ofrecí algunas ideas con respecto a la necesaria reinvención de la oposición,[16] ideas que me permito resumir con algunos cambios.

La Mesa de la Unidad Democrática es, por diseño, una instancia político-electoral que ha operado según una lógica definitoria: dar forma y ejecutar acuerdos político-electorales. Sus decisiones en otros ámbitos están, inevitablemente, mediadas por cálculos partidistas. Y esto no es bueno ni malo: cada sistema tiene su razón de ser, su lógica. Pero es indiscutible que la MUD —como instancia político-electoral, insisto— no ha estado a la altura de nuestros otros desafíos.

El problema surge cuando se pretende que un sistema sirva a un propósito distinto al que lo define. Luego, nuestros

16 http://historico.prodavinci.com/blogs/oposicion-reinventada-por-roberto-casanova/

otros desafíos requieren otros esquemas y otros participantes. La MUD debe dar paso al MUD. La Mesa debe convertirse en parte de un Movimiento de Unidad Democrática. No siempre evolucionar consiste en destruir para crear. En ocasiones evolucionar supone incluir para trascender. Nuestro reto no es acabar con la Mesa sino diseñar otras instancias, otros sistemas funcionales que atiendan a procesos que la Mesa, dada su naturaleza, no puede liderar.

La acción opositora debería contar pues con tres instancias, cada una con un ámbito de acción propio, aunque articuladas: 1) Procesos político-electorales, 2) Movilización social y Emergencia Humanitaria y, 3) Estrategia Nacional de Reconstrucción y Desarrollo. Estas tres instancias conformarían el Movimiento de Unidad Democrática (MUD).

Demás está decir que este esquema prefigurará a un futuro gobierno de Unidad Nacional. Uno que deberá surgir si la coyuntura electoral evoluciona hacia una crisis política definitiva.

UN PRESIDENTE REBELDE

La Patilla | 02.02.2018

1. LA DICTADURA VA A ELECCIONES

La dictadura, decidida a no entregar el poder, se organiza para realizar una elección presidencial. Hará todo lo necesario para que Maduro resulte victorioso. Todo lo necesario.

Algunos sectores opositores estiman, sin embargo, que los planes de la dictadura pueden ser frustrados y que un candidato unitario puede resultar ganador en esta elección. Las circunstancias actuales (la crisis humanitaria, la hiperinflación, las posibles fracturas del régimen, la creciente presión internacional) harían factible ese escenario. Se argumenta, adicionalmente, que, si la dictadura decidiese cometer un gigantesco fraude para alterar la voluntad ciudadana o que, aceptándola, pretendiese que el presidente electo se subordinase a la ANC, se desataría una crisis política que la llevaría a su fin.

El reto opositor consistiría entonces en contar con un candidato único y unificador, lograr una masiva participación ciudadana y prepararse, nacional e internacionalmente, para enfrentar eficazmente las reacciones postreras de la dictadura.

¿Es esto realista?

2. UN DICTADOR REELECTO, PERO NO RECONOCIDO

El escenario más realista es, en este momento, que la mayoría de los ciudadanos opositores se abstenga en la elección presidencial organizada por la dictadura, independientemente de que ella se realice durante este cuatrimestre o hacia fines de año. Las razones que justificarían tal comportamiento serían, fundamentalmente, dos: la ilegitimidad de la Asamblea Nacional Constituyente, convocante de la elección, y la abierta complicidad del Consejo Nacional Electoral con la dictadura.

Ir a esa elección en las condiciones presentes –sin garantías electorales, con líderes y partidos inhabilitados, sin la observación internacional, con el chantaje a la población y a funcionarios públicos, con el abuso gubernamental del poder mediático, con millones de venezolanos imposibilitados de votar en el exterior– sería no solo un acto inútil sino también potencialmente legitimador del régimen.

Esta posición a favor de la abstención ha sido reforzada por los pronunciamientos que varios gobiernos democráticos han hecho, anticipando que desconocerán la elección convocada, en las condiciones actuales, por la dictadura.

De cualquier modo, es probable que un sector de la oposición participe en dicha elección y acabe desempeñando un papel más bien pobre, dadas la estrategia gubernamental y la abstención opositora. El resultado será, en definitiva, que el dictador, más desprestigiado si cabe, continuará en el poder. Y la situación para los demócratas será desoladora.

¿Qué hacer entonces?

3. UNA ELECCIÓN LIBRE Y JUSTA ES POSIBLE

Los demócratas no podemos renunciar al voto, a nuestro derecho a elegir. Una elección presidencial, además, ha sido para nosotros, desde hace mucho tiempo, altamente movilizadora.

Pero en esta coyuntura de nuestra historia, si queremos una elección presidencial libre, justa y transparente, tendremos que hacerla nosotros mismos.

La formidable experiencia de la consulta ciudadana del 16 de julio del 2017 nos demostró que somos capaces de organizarnos masivamente, dentro y fuera del país, en poco tiempo, para decidir sobre asuntos colectivos. La democracia es, después de todo, un hábito social profundamente arraigado en nosotros. Esa jornada, perfectible como toda obra humana, constituyó un acto de rebeldía pacífica que no debemos olvidar y sobre el cual podemos construir nuevas iniciativas, tal como algunas organizaciones civiles ya vienen haciendo.

Realizar una elección rebelde tiene que ser nuestro plan primordial y poco debe importarnos el resultado esperable de la elección dictatorial. Solo si las condiciones de esta última cambiasen favorablemente, como consecuencia de procesos que no alcanzamos a prever en este momento, podría plantearse participar en un proceso coordinado por el CNE (no por el actual, se entiende). Más esto es poco probable y debemos dedicarnos, con rapidez y eficacia, a diseñar y ejecutar nuestro propio proceso electoral.

En ese proceso podría postularse como candidato cualquier ciudadano (con las debidas limitaciones prácticas: contar, por ejemplo, con un determinado número de firmas de apoyo). Militantes de partidos o independientes, inhabilitados políticamente o no, podrán aspirar a ser depositarios de la confianza de la mayoría ciudadana. Solo integrantes de la dictadura, por razones obvias, no deberían participar. El momento para realizar esta elección –antes, durante o después de la elección de la dictadura– será crítico y debe ser cuidadosamente evaluado. La opción de hacerla después tiene ciertas ventajas desde la perspectiva de la emocionalidad colectiva (dice un viejo refrán que el que ríe de último ríe mejor), pero no deben descuidarse otros factores sociales, políticos y organizativos.

Esta elección rebelde puede servirnos para avanzar hacia un sistema electoral de doble vuelta, tan necesario para nuestro proceso político. Al tratarse de un único evento, podría aplicarse un sistema de doble vuelta *instantánea* (en el cual el votante ordena a varios candidatos, dos o tres, de acuerdo con sus preferencias, de más preferido a menos preferido). Podemos organizar una elección modélica: con voto manual, con observación internacional, con auditorías transparentes. Ciudadanos inspirados y organizados, nacional e internacionalmente, podemos dar, de nuevo, una muestra memorable de vocación democrática.

¿Quién promovería una iniciativa como ésta? Pues todos los demócratas: organizaciones civiles, partidos, gremios, sindicatos. ¿Intentará sabotear la dictadura esta iniciativa? Desde luego. ¿Tendrá éxito en ese empeño? No, si actuamos masiva e inteligentemente.

Con esta jugada estratégica podemos, en síntesis, crear una nueva realidad política.

4. UN PRESIDENTE REBELDE FRENTE AL DICTADOR

Puede suceder pues que en los próximos meses haya dos elecciones presidenciales en nuestro país: una organizada por la dictadura y otra por los ciudadanos en rebeldía democrática. Existirán, en consecuencia, dos presidentes: el dictador Maduro y un presidente rebelde. No se trata, cabe advertir, en ningún caso, de promover la idea de un país que se divide, preparándose para un conflicto fratricida. Hace rato que la divisoria venezolana dejó de ser «chavismo vs oposición»: hoy se enfrenta la mayoría ciudadana, chavista y opositora, a una minoría dictatorial y corrupta.

La existencia de un presidente rebelde conformará una nueva situación política cuyos avatares no pueden ser precisados *a priori*, por más que ella luzca similar a las experiencias vividas por otros países. ¿Serán perseguidos ese líder y su equipo? Seguramente. ¿Irán presos? Es posible. ¿Tendrán que exilarse? Tal vez. Pero quien asuma esa condición de presidente rebelde será el principal portador de nuestro futuro y su imprescindible talante de héroe civil nos deberá fortalecer.

La oposición democrática tendrá pues unidad de propósito, contará con un liderazgo renovado, se organizará y estará, sobre todo, motivada. El juego, lejos de cerrarse con la reelección de Maduro, tal como la dictadura pretende, se abrirá a nuevas e insospechadas posibilidades.

5. ELEGIR LA ESPERANZA

La gran arma de la dictadura es nuestra desesperanza. Al perder la confianza en nuestra capacidad para cambiar nuestro presente dejamos de invertir, dejamos de protestar, dejamos de votar. Nos resignamos a las colas, a la desinformación, a los controles, a la injusticia, a los apagones. Abandonamos nuestras calles, nuestras carreteras, nuestro país. Dejamos de ser ciudadanos para transformarnos progresivamente en súbditos de la dictadura socialista o en exilados voluntarios.

Pero el poder es siempre un juicio de valor y si creemos que la dictadura nos derrotó de manera definitiva pues ella nos habrá derrotado. No es un asunto de verdades sino de decisiones. Podemos elegir la esperanza. Podemos rebelarnos en contra de la desesperanza.

Y alrededor de un presidente rebelde no solo continuaremos la lucha en contra de la dictadura sino comenzaremos también la tarea de la reconstrucción. Esta tarea, enorme, compleja y bella, exigirá nuestro mejor esfuerzo y no tenemos que esperar el día después de la dictadura para iniciarla.

Vale la pena intentarlo. Vamos a darnos otro chance.

Seamos, en palabras del poeta, como el árbol talado que retoña: aún tenemos la vida.

UN DÍA B PARA VENEZUELA:
CARTA PÚBLICA A RICARDO HAUSMANN

La Patilla | 04.01.2018

Estimado Ricardo:

He leído con atención tu reciente artículo «El día D para Venezuela». Con el respeto y el afecto que siempre te he tenido debo diferir de tu planteamiento central: solucionar el problema político venezolano mediante la asistencia militar de una coalición de países latinoamericanos, norteamericanos y europeos, solicitada por un nuevo gobierno designado por la legítima Asamblea Nacional (previas las destituciones del presidente y del Vicepresidente de la República). Aunque coincido con otras de las ideas que mencionas en tu artículo.

Advierto, de entrada, que también difiero del plan que sigue la Mesa de la Unidad Democrática. Con el objeto de presentar de la manera más clara mi planteamiento, me permitiré utilizar un esquema. Como todo esquema, éste simplifica el tema, pero lo ordena para fines analíticos. Luego podré identificar algunos matices importantes.

Dos pares de opciones ayudan a precisar las estrategias que los demócratas tenemos planteadas para acabar con la dictadura que hoy destruye al país y causa tanto sufrimiento. El primer par de opciones se refiere a hacer o no el trabajo de organización y movilización social. El segundo a usar o no la vía electoral. Si intersectamos este par de opciones tendremos cuatro estrategias posibles, tal como el gráfico lo ilustra.

Opciones estratégicas

	Vía electoral	Vía no electoral
Organización social	Día B	Día C
No organización social	Día A	Día D

No me queda claro si lo que llamas el «Día D» para Venezuela incluye o no la movilización social. Y este no es un tema menor. Si la incluyese tu propuesta se ubicaría entonces en el cuadrante ocupado por el «Día C».

De cualquier modo, el «Día D» (o el «Día C») me parece tanto indeseable como inviable, interna y externamente. Internamente supondría, con alta probabilidad, la guerra civil entre quienes estarían de acuerdo con la mencionada ayuda armada internacional y quienes, calificándola de invasión, la adversarían. Aunque resultasen victoriosos los primeros este conflicto se convertiría en una herida social que será difícil curar y que marcará negativamente nuestro futuro político y el de América Latina. Internacionalmente es difícil imaginar que los gobiernos democráticos amigos lleguen a estar de acuerdo con esta iniciativa militar conjunta.

Me referiré ahora al «Día A», estrategia principal de la oposición organizada en torno a la Mesa de la Unidad Democrática y buscada, hasta donde se sabe, en las conversaciones que se adelantan en la República Dominicana. Esta estrategia, que tampoco hace alusión a la movilización social, pretende lograr la convocatoria a elecciones libres y justas para sustituir a la dictadura socialista. Las experiencias electorales recientes y la naturaleza del régimen nos permiten afirmar que el «Día A» es también una estrategia poco realista. Coincido contigo en que «…es un desafío a la credulidad pensar que un régimen dispuesto a matar de hambre a millones de personas para mantenerse en el poder va a ceder ese poder en elecciones libres».

Queda entonces la estrategia del «Día B», la estrategia que defiendo. Esta se propone superar la falsa dicotomía entre la protesta social y la participación electoral. Estos no son mecanismos mutuamente excluyentes. De hecho, es posible imaginar que la próxima elección presidencial se convierta en la mayor protesta social que los venezolanos hayamos realizado. Sostengo que en una dictadura cada evento electoral puede ser visto como una emboscada democrática a la minoría usurpadora, como un acto masivo de protesta pacífica. Votar y luchar no son medios antagónicos, a menos que la lucha se reduzca, equivocadamente, a las acciones de calle. La gran falla de la dirigencia opositora ha estado, creo, en no haber sabido o podido articular ambos medios. Al respecto, la movilización social que permitió la consulta ciudadana el 16 de julio del año pasado fue una experiencia magnífica que no debemos olvidar. El problema de acción colectiva que los demócratas venezolanos vivimos desde hace ya algún tiempo es, sin duda, un asunto de primer orden que no debe dejarse solo a los políticos.

La estrategia del «Día B» no supone, necesariamente, el colapso del régimen. Una dictadura –o una parte de ella– que

entienda que enfrenta a una oposición nacional e internacional con apoyo social masivo y que, por tanto, asuma su in-
viabilidad, podría verse forzada a acordar condiciones para
abandonar el poder. En este escenario la negociación además de posible es, para evitar mayores costos sociales, también deseable,

Un problema grave, Ricardo, es que tu propuesta del «Día D»
no solo es poco realista, sino que, en la práctica, puede contribuir a descalabrar a la estrategia del «Día B». A partir de
aquélla, el choque de opiniones entre quienes descartan la
vía electoral y quienes desean intentarla de nuevo, tan funcional desde la perspectiva de la dictadura, no hará sino profundizarse. La movilización social que el «Día B» requiere
será entonces seriamente afectada. Así, el poco realismo del
«Día D» terminará haciendo también poco realista a la estrategia del «Día B». Quedaremos entonces, divididos y va-
rados, en medio de la nada. Sin contar con que el discurso
antiimperialista de la dictadura socialista se verá fortaleci-
do. Una invasión que no ocurrirá solo servirá, para siempre,
al régimen. Como en Cuba.

Veamos, sin embargo, algunos matices del tema, trascendiendo el esquema un tanto rígido que vengo utilizando. La
estrategia del «Día D», para ser efectiva, no tiene que ocurrir literalmente. Basta con que constituya, sin mucha al-
haraca pública, una amenaza creíble. Dices que ella puede
servir para «...mejorar la probabilidad de que las negociaciones que se están llevando a cabo en la República Dominicana lleguen a un resultado exitoso». Estoy de acuerdo. ¿Por
qué disociarla entonces de la participación electoral? La es-

trategia del «Día D» podría convertirse en el componente internacional de la estrategia del «Día B». La «tormenta perfecta» para la dictadura emergería de la coincidencia entre una protesta social convertida en participación electoral y la posibilidad verosímil de una asistencia militar en caso de fraude.

No descarto, a pesar de todo, la estrategia del «Día D». ¿Qué pasaría, por ejemplo, si la dictadura decide no convocar la elección presidencial ante la posibilidad de perderla? En este momento, sin embargo, el reto es organizarnos, nacional e internacionalmente, para el «Día B».

Quiero finalizar esta carta pública compartiendo la angustiante pregunta con que cierras tu artículo: «¿Cuántas vidas más serán destrozadas antes de que arribe la salvación?» Es una interrogante que todos los demócratas debemos hacernos a diario. El asunto es, sin embargo, que la solución que sugieres no nos acerca al final de la pesadilla.

Te envío mis mejores deseos para este nuevo año junto a mi abrazo afectuoso.

LOS FANTASMAS DE LENIN Y FIDEL LE SUSURRAN A MADURO

Prodavinci | 03.05.2017

Al escuchar a Maduro convocando a un proceso constituyente popular dos viejas consignas vienen a la mente. Ellas sintetizan lo que, al parecer, la oligarquía socialista se propone materializar en esta coyuntura crítica. Son dos consignas que, seguramente, Maduro ha también recordado.

La primera consigna afirmaba: ¡Todo el poder para los soviets! «Sóviet» significa consejo en ruso. La consigna fue utilizada por Lenin durante la revolución bolchevique, hace un siglo. Quería convencer a las masas de que los *Sóviets* de Diputados Obreros eran la única forma posible de gobierno revolucionario, propugnando al mismo tiempo la necesidad de pasar todo el poder del Estado a dichos *Sóviets*.

Muchos años después Fidel Castro gritaba otra consigna: *Dentro de la Revolución, todo; fuera de la Revolución, nada.* Se trataba de una versión de otro lema que había sido utilizado en su momento por Benito Mussolini y que proponía: *Todo en el Estado, todo para el Estado, nada fuera del Estado, nada contra el Estado.* La semejanza no es, desde luego, casual. El Estado total es el componente básico del totalitarismo tanto en su versión comunista como en la fascista.

La integración de ambas consignas conduce, naturalmente, a la idea de un Estado que, en nombre del pueblo organizado en consejos en distintos ámbitos, ocupa todos los ámbitos de la sociedad. En otras palabras, el supuesto Poder Popular da forma al Estado total. Y la estatización de todo, incluso del pueblo, es lo que llamamos totalitarismo.

El comunismo chavista, heredero del cubano, siempre ha tenido vocación totalitaria. Los *soviets* venezolanos ya existen. Son los consejos de trabajadores, de estudiantes, de mujeres, de indígenas, etc. que se han creado a lo largo de los últimos años. Los «soviets» territoriales son, fundamentalmente, las comunas y los consejos comunales. Todos ellos han sido promovidos desde el Ejecutivo Nacional y se hallan subordinados a él. Por otra parte, la estatización de la sociedad venezolana es uno de los procesos en los que la revolución socialista más ha avanzado.

Si algo ha caracterizado al liderazgo chavista es el utilizar las crisis para avanzar. Es el momento, piensan los líderes del régimen comunista, para conformar una Asamblea Constituyente del Poder Popular integrada, en su mayoría, por los voceros designados por los consejos sectoriales y territoriales. Esta Asamblea tendría carácter originario y, por tanto, ningún Poder constituido podrá estar sobre ella. Incluso el Poder Ejecutivo se le subordinará. De las deliberaciones de tal Asamblea emergerá el flamante Estado Comunal venezolano.

Todo eso no es sino una patraña, por supuesto. En los países comunistas el poder real siempre lo tuvo y lo tiene una oligarquía socialista (la *nomenklatura*, la llamaban en la desaparecida Unión de Repúblicas Socialistas Soviéticas).

El poder de los *soviets* solo serviría también aquí para mantenerse «enchufados» a los centros del poder y para oprimir, cuando sea requerido, al resto de la sociedad. El poder comunal nunca podría contrariar la voluntad de la minoría en el poder.

Esta arquitectura de poder es profundamente antidemocrática y está diseñada, en realidad, para que la revolución no corra el riesgo de perder una elección nacional. El esquema es sencillo: debe dársele forma a un Estado en el cual la participación política se realice, principalmente, a través de instancias como consejos sectoriales y territoriales, subordinadas al Poder Ejecutivo.

Esto es lo que el régimen socialista ahora pretende.

«Todas las piezas encajan», le susurran Lenin y Fidel a Maduro. «Es ahora o nunca».

Será nunca pues millones de venezolanos luchan heroicamente en las calles por la libertad y la democracia.

Y ellos prevalecerán.

ESTA ES LA RUTA

La Patilla | 02.05.2017

Dos consignas, escuchadas con frecuencia durante estos días turbulentos por quien esto escribe, sirven para sintetizar los anhelos de quienes marchan: *¡Y no, y no, y no me da la gana una dictadura igualita a la cubana!* y *¿Quiénes somos?: ¡Venezuela! ¿Qué queremos? ¡Libertad!* La primera consigna refleja lo que se niega: el golpe de Estado judicial, el irrespeto a la soberanía popular, la violación de los derechos humanos, el empobrecimiento, la escasez. Todo ello se identifica, acertadamente, con los rasgos que caracterizan al injerencista régimen cubano. La segunda resume el fin último al que se aspira: la libertad de elegir, de expresarse, de consumir, de invertir, de producir, de poseer, de vivir, en definitiva.

La protesta no es, pues, en contra de un mal gobierno. Es en contra de un régimen dictatorial y a favor de un sistema de libertades. Asumir plenamente estas ideas implica adoptar posiciones nítidas ante varios asuntos. La primera de tales posiciones se refiere al artículo 350 de la Constitución, el cual establece que: *El pueblo de Venezuela, fiel a su tradición republicana, a su lucha por la independencia, la paz y la libertad, desconocerá cualquier régimen, legislación o autoridad que contraríe los valores, principios y garantías democráticos o menoscabe los derechos humanos.* ¿No se refiere acaso el supuesto de este artículo a la situación que hoy vivimos? Efectivamente, los demócratas estamos, en este momento crítico de nuestra historia republicana, en el derecho y en el deber de desconocer al régimen de inspiración comunista que nos oprime y de luchar para recuperar la vigencia de nuestra Constitución. El argumento a favor de la aplicación del artículo 350, luego del reciente golpe de Estado judicial, suscita hoy el acuerdo nacional e internacional que no logró hace algún tiempo. (Este hecho solo se verá reforzado si el régimen efectivamente adelanta el fraudulento proceso constituyente «popular» que Maduro recién anunció).

La pregunta que muchos se hacen es qué va a ocurrir, qué camino se transita y hacia dónde conduce. Ciertamente se requiere una hoja de ruta, dibujada sobre una confusa y cambiante realidad. Una hoja de ruta, para entendernos, no es un plan inalterable. Es la definición de un punto de llegada y de la mejor trayectoria a seguir, desde un punto de inicio y en un momento dado. Si las circunstancias cambian tal vez haya que, manteniendo el destino deseado, replantearse el camino para alcanzarlo. Una hoja de ruta resulta útil pues nos permite familiarizarnos con el terreno, con sus riesgos, con sus posibilidades. Con base en ella nuestras decisiones ante los cambios pueden ser más rápidas y eficaces. En lo que sigue presento una hoja de ruta cuyo punto de llegada son las elecciones generales y que integra opiniones diversas, algunas de las cuales se han asumido, incluso, como antagónicas.

1. PROTESTA PACÍFICA Y SOSTENIDA

La ruta que transitan los sectores democráticos depende,

críticamente, de su capacidad para protestar. Sin ésta no podrán enfrentar exitosamente los otros desafíos que se le plantean. Debe resaltarse, al respecto, que ante el abuso de poder ha emergido una indignación tan intensa que la represión, lejos de disuadir la protesta ciudadana, la aviva. Por otra parte, sin embargo, es preciso que esa protesta no sea de cualquier tipo sino una *pacífica* y *sostenida*. Los sectores democráticos deben evitar caer en el terreno de la violencia que propicia el régimen. Ello coloca a quienes protestan en la peligrosísima posibilidad de ser víctimas de la dictadura. Más lo que viene aconteciendo es inspirador. Cada jornada de protesta deja una estela de imágenes de coraje cívico, como la de aquella digna anciana, erguida con valentía ante una tanqueta. Ciertamente una épica ciudadana está siendo construida en estos días de heroísmo desarmado. Pero la protesta, por otra parte, debe ser mantenida durante el tiempo que sea necesario. La energía de quienes salen a las calles a bregar por la libertad debe ser bien gestionada. Deben explorarse fórmulas para crear grupos que se turnen en la tarea de protestar (por horas o por jornadas), de tal forma que puedan realizarse actividades todos los días. Cada persona administraría así su tiempo y sus fuerzas mientras que el régimen no dispondría ni siquiera de un día de reposo.

2. FRACTURA DEL RÉGIMEN

Para la oligarquía socialista el costo de abandonar el poder (el costo de la salida, como se le viene llamando) es muy alto y sigue aumentando en la medida en que el número y la gravedad de los casos de violación de los derechos humanos se eleva. Ninguna opción distinta a la de permanecer en el poder podría ser preferible para ella, se sostiene. Esto, sin embargo, debe matizarse pues no todos los miembros del grupo en el poder se hallan incursos en aquellos delitos y muchos seguramente no quieren sumarse al abominable grupo que los incita o ejecuta. Más de uno, civil o militar, debe estar en este instante evaluando sus opciones: ¿es mejor mantenerse aferrado al poder en compañía de una facción sin escrúpulos o es preferible tratar de encontrar un espacio dentro una nueva realidad democrática? No es fácil identificar, como en una represa a punto de colapsar, dónde y cuándo se abrirán grietas en el régimen. Ya han aparecido varias de ellas y otras lo harán, sin duda, en la medida en que la protesta se sostenga y la represión aumente. No es algo ilusorio suponer que, por ejemplo, en alguno de los próximos sucesos de calle, uno o varios soldados decidan tomar el camino heroico, dejar su armamento y sumarse a quienes protestan. Es casi innecesario decir que un esfuerzo de acercamiento entre sectores opositores y sectores oficialistas elevará la probabilidad de ocurrencia de tales fracturas.

3. HUIDA DEL PRESIDENTE Y DE OTRAS AUTORIDADES

Exigir elecciones justas a un dictador es como enseñar un crucifijo a un vampiro. Ante ese símbolo este mítico ser, luego de algunos gestos de amenaza, optará por la huida. Lo mismo hará un dictador. Por eso debemos mantenernos firmes en nuestra demanda por elecciones, aunque también debemos descartar el escenario en el cual el régimen socialista acepta ir a unas elecciones presidenciales que irremisiblemente perdería. Ante una protesta incesante y ante la fractura de su régimen, Maduro y buena parte de la oligarquía socialista preferirá abandonar finalmente el poder. No es difícil prever el argumento que utilizará: la ejecución de un traicionero golpe de Estado por parte del fascismo nacional e internacional. Varios de ellos –con Maduro a la cabeza– podrían refugiarse en Cuba como pretendidos héroes revolucionarios, sin preocupaciones materiales e intentando mantener viva la épica de una revolución supuestamente traicionada.

4. UN GOBIERNO DE TRANSICIÓN

El abandono del poder por parte de la oligarquía socialista generará una delicada realidad que debe ser pensada desde ahora. El país se hallará ante un vacío de poder que deberá ser llenado con apego a la Constitución y con el apoyo de la Fuerza Armada. Un problema a resolver será que la falta absoluta del presidente no podrá ser cubierta, tal como lo establece el artículo 233 de la Constitución, por el Vicepresidente, quien también se encontrará entre los huidos. Podría considerarse, quizás, que sea el presidente de la Asamblea Nacional quien asuma el cargo de manera *provisional*. Como es sabido, el presidente de la Asamblea Nacional y el Vicepresidente de la República son las dos personas que, de acuerdo con la Constitución, pueden asumir la Presidencia de la República en el caso de una falta absoluta de quien ejerce ese cargo, dependiendo de si esto ocurre durante la primera o la segunda mitad del período. No se menciona a nadie más en nuestra Constitución para asumir esa tarea. Pero tal vez lo más sensato sea que los sectores políticos identifiquen a una figura de consenso que sea designada como Vicepresidente para que, previa renuncia del presidente *provi-*

sional, asuma la Presidencia del Gobierno de Transición. Se trata, claro está, de asuntos de primera importancia que deben ser considerados con ponderación desde ahora. De cualquier modo, un Gobierno de Transición deberá ser un gobierno de unidad nacional, el primero de otros que le sucederán.

5. NUEVAS AUTORIDADES

El abandono de sus cargos por parte de los magistrados de la Sala Constitucional, perpetradores del golpe de Estado judicial, hará que se desvanezca la ficción del desacato en el que supuestamente se halla la Asamblea Nacional. La mayoría de los diputados demócratas, al poder ejercer plenamente su función de representación de la soberanía popular, adoptarán entonces las decisiones necesarias para normalizar las situaciones del Poder Electoral, del Poder Judicial y de otras instituciones. Por otra parte, deberán designarse también nuevas autoridades en el ámbito militar. De cualquier forma, a través de este conjunto de decisiones se despejará el terreno para restablecer el orden institucional.

6. ALIANZA PARA LA GOBERNABILIDAD Y PROGRAMA MÍNIMO

Un Gobierno de Transición deberá ser amplio y contar con un Programa Mínimo. Su amplitud se reflejará en una Alianza para la Gobernabilidad con capacidad para convocar a todos los sectores democráticos, incluidos aquellos sectores chavistas que se hayan separado del golpismo madurista. Esa Alianza tendrá como propósito primario mantener el orden democrático ante las previsibles acciones de saboteo por parte de un chavismo radical, convertido en oposición desleal. El desarme de bandas paramilitares será un asunto especialmente exigente. Por otra parte, el Gobierno de Transición deberá disponer de un Programa Mínimo que permita enfrentar los problemas económicos y sociales más apremiantes al tiempo que establece las bases para las transformaciones de mediano y largo plazo. (En otra ocasión argumentaré a favor de la *economía social de mercado* como doctrina *centrista*, capaz de integrar posiciones de todo el espectro político moderado, tanto para un Programa Mínimo como para una Estrategia de Desarrollo).

7. ELECCIONES GENERALES

La hoja de ruta propuesta culminará en unas elecciones generales, libres y justas. En ellas, los actores políticos democráticos deberán concurrir con candidaturas únicas, por consenso o mediante primarias. Deberán acordar también la Estrategia de Desarrollo a seguir durante los próximos años. Otra hoja de ruta deberá ser entonces definida, con una perspectiva más larga y ambiciosa. De cualquier modo, el amanecer de ese domingo en el que los venezolanos acudiremos a esa cita electoral representará el fin de un oscuro período de nuestra historia. Votaremos orgullosamente, con la clara comprensión de que la libertad nunca está garantizada y que solo la conocen los pueblos dispuestos a luchar por ella.

SI EL RÉGIMEN CONVOCA A ELECCIONES REGIONALES

Prodavinci | 11.04.2017

I

Si el régimen convoca a elecciones regionales habremos obtenido nuestra primera victoria en este resurgimiento de nuestra incansable voluntad democrática. Es una razón inequívoca para mantener la presencia en las calles, con el fin de generar el ansiado cambio. El asunto es cómo lograrlo y al respecto nuestras diferencias no son menores. A las pocas horas de Maduro mencionar la idea de elecciones regionales, han surgido fuertes reacciones encontradas entre quienes hemos protestado unidos durante estos días, y es importante que nuestras interpretaciones sobre las implicaciones de esas eventuales elecciones no nos encierren en un falso dilema.

II

¿Persigue Maduro, al asomar la idea de las elecciones regionales, que los partidos descuiden la movilización en las calles, defraudando así a los ciudadanos que protestan? ¡Por supuesto! Pero convocarlas significaría una derrota para el oficialismo, pues todo indica que esas elecciones le supondrán la pérdida de importantes cuotas de poder, escenario que han tratado de evadir. Y el costo de seguir reprimiendo un movimiento de protestas que crece y que cuenta con la simpatía de muchos países democráticos puede llegar a ser enorme. El gobierno evalúa, pues, ir a elecciones regionales con, al menos, dos objetivos inmediatos: aparecer ante el mundo como un país democrático y dividir a la oposición. Ello le permitiría minimizar el costo de reprimir e ir a esas elecciones en mejores condiciones. Si aun así perdiese numerosas gobernaciones, podemos prever lo que haría: tratar de convertir esa derrota en una oportunidad, como siempre lo ha hecho. Seguiría arrebatando competencias y recursos a los gobiernos regionales en provecho del llamado Estado comunal y sus espurias autoridades regionales.

III

Es posible que varios partidos se planteen la conveniencia de participar en las elecciones regionales y recuperar para la democracia a la mayoría de los Estados. Eso sería algo valioso en sí mismo y la mencionada pretensión del gobierno nacional de anular a los gobiernos regionales se encontraría ante el muro de contención conformado por las tres cuartas partes de los gobernadores del país. Esta posición puede ser discutible, pero tiene un punto fuerte a su favor: es cierto que la oposición no debe dejar de ir a elecciones. De no participar luciría como un sector contradictorio que lucha por elecciones pero que no participa en ellas cuando se abre la oportunidad. Pero ¿no sería también contradictorio participar en elecciones convocadas en el marco de una dictadura? Lo sería solo desde una perspectiva principista, pues la experiencia ha mostrado que unas elecciones, por amañadas que estén, pueden ser magníficas «emboscadas» democráticas para enfrentar a una dictadura. ¿No fue acaso eso lo que se logró hace poco más de un año? Por otra parte, aunque no se participase, tales elecciones se realizarían y se entregarían espacios institucionales al gobierno, el cual se daría el lujo de ocuparlos a través de elecciones sin trampas.

IV

¿Y qué pasaría entonces con Maduro, responsable máximo de la tragedia nacional? Su salida constitucional debe ocurrir mediante su renuncia o mediante una elección presidencial adelantada (que supone una reforma puntual de la Constitución). Su salida puede ser también el resultado del legítimo desconocimiento de su presidencia ante, por ejemplo, graves violaciones a la Constitución. Se sabe que muchos piensan que Maduro ya hizo esto hace rato. El asunto es que el golpe de Estado que ha sido reconocido como tal por innumerables países es el que recién dieron los magistrados de TSJ. Las sentencias que éstos aprobaron son una monstruosidad antidemocrática. Es por eso por lo que hoy podemos exigir, con la comprensión internacional, la destitución y enjuiciamiento de los magistrados. Y no sólo de ellos sino también de quienes, como el Contralor y el Defensor del Pueblo, los han apoyado. Ese no es el caso de Maduro quien, ante la inmediata reacción nacional e internacional generada por las sentencias golpistas, supo ponerse al margen de lo que calificó como un desencuentro entre poderes. Todo lo anterior no significa que sea imposible que Maduro abandone el poder sin elecciones. El camino del desconocimiento a Maduro resulta menos claro, por ahora.

V

De cualquier modo, no se puede dejar de protestar. Intercambiar protestas por elecciones regionales sería una nefasta equivocación. Conduciría, de nuevo, a la división de la oposición en varios pedazos: entre «radicales» y «moderados» pero también entre «ciudadanos» y «políticos». Por eso es fundamental no plantear un dilema entre las elecciones regionales y protestas. Eso es lo que el gobierno pretende. ¿Qué hacer entonces? Pues prepararse para cosechar la primera victoria en este nuevo ciclo de movilización democrática y, al mismo tiempo, continuar movilizados en contra del golpe de Estado y de la crisis nacional y por elecciones. Voto y calle, se ha dicho incontables veces, y hay que repetirlo. Este reto político supone algunas complicadas cuestiones estratégicas y organizativas. En cuanto a lo estratégico, menciono solo que la protesta no debe ser percibida por la gente, equivocadamente, como un tema exclusivamente político. Aquella debe conectarse con las necesidades y expectativas de la mayoría de los venezolanos, víctima del socialismo del siglo XXI.

VI

En cuanto a lo organizativo, la oposición tiene que reinventarse. En su sentido más amplio, tiene que trascender a la Mesa de la Unidad Democrática. La Mesa tiene que convertirse en parte de algo mayor, de un Movimiento de Unidad Democrática. Debemos pasar de la MUD a el MUD. Este Movimiento debería estar integrado, al menos, por tres instancias, coordinadas entre sí: 1) La Mesa, instancia político-electoral; 2) Un frente de protesta social y, 3) Un sistema de diálogo para crear y promover una estrategia de desarrollo. Si se llegasen a convocar unas elecciones regionales, la división del trabajo que este esquema organizativo supone cobraría importancia. La Mesa debería dedicarse a organizar elecciones primarias y a diseñar la estrategia para participar en esa contienda electoral. Por otra parte, quienes han comenzado a liderar el nuevo ciclo de protestas, con coraje y creatividad, deberán continuar su heroica tarea de organizar y movilizar a miles y miles de ciudadanos.

VII

No podemos descartar que dentro del régimen se imponga su ala más radical y que las elecciones regionales no sean convocadas. Estaríamos ante un escenario de represión abierta y de cierre democrático total. En ese caso la lucha sería aún más dura, pero, sin duda alguna, finalmente victoriosa. La inmensa mayoría que constituye hoy la oposición ha cobrado nueva e inesperada fuerza y, de actuar con inteligencia, derrotará a un régimen cuya vigencia histórica ha terminado.

DIPUTADOS REBELDES

Prodavinci | 02.01.2017

1.

Si la gente que hace nuestro país peor no toma ni un día libre, ¿cómo podemos tomarlo nosotros? Con esta idea en mente (inspirada en una famosa frase de Bob Marley) pensemos en el siguiente escenario para los primeros días del año recién estrenado. El próximo 5 de enero los diputados demócratas designarán a las nuevas autoridades del Poder Legislativo. Los miembros de la Sala Constitucional del TSJ –cuyos nombres no debemos olvida– mantendrán su posición: la Asamblea Nacional se halla incursa en un supuesto «desacato». Luego, declararán aquella designación como un acto írrito, sin validez alguna. Desde su perspectiva la AN simplemente no tendrá autoridades: se habrá «autodisuelto». El Poder Ejecutivo, responsable de esta tramoya, suscribirá inmediatamente esa tesis. Afirmará, además, que no podrá transferir recursos a la AN en lo sucesivo pues ésta no contaría siquiera con firmas autorizadas. Así, la AN dejaría de existir para los otros poderes públicos y la responsabilidad de este extravagante hecho, según el grupo que ha secuestrado al Estado, sería de la propia oposición democrática.

2.

El escenario esbozado podría ser aún más insólito pues el régimen podría dar una «vuelta de tuerca» adicional en su estrategia de control total del poder. No hay que olvidar que el proyecto neocomunista, que con avances y retrocesos se viene imponiendo, nunca aceptará una institucionalidad que califica como liberal-burguesa. Ante la supuesta inexistencia de la AN el régimen tendría, tal vez, una oportunidad para avanzar en la creación de un «Congreso del Pueblo» (o «Asamblea Nacional del Poder Popular», como se le llama en Cuba). Con base en este invento político, eventualmente reconocido por el TSJ, el Poder Ejecutivo enviaría los recursos destinados a la legítima AN a esa nueva instancia revolucionaria. Los diputados socialistas quizás migrarían también a ese cuerpo «legislativo», abandonando la «autodisuelta» AN. Por inconcebible que parezca una jugada política como esta no debemos subestimar el hecho de que el ropaje democrático le queda ya estrecho a una camarilla que ambiciona perpetuarse en el poder.

3.

Es probable, en ese escenario, que unos cuantos diputados opositores piensen que su tarea, si bien se desenvolvería en un contexto complejo, consistiría en cumplir con las funciones básicas de todo poder legislativo: representar la voluntad de quienes los eligieron, promulgar nuevas leyes y reformar o derogar leyes existentes, controlar las actuaciones del Poder Ejecutivo. Pero el carácter dictatorial del régimen no es cuento. Las leyes aprobadas por la AN son, como se sabe, sistemáticamente declaradas nulas por el TSJ y el control que la AN puede efectivamente ejercer sobre el Poder Ejecutivo es prácticamente inexistente. Pareciera, sin embargo, que cierta conducta inercial hubiese sido adoptada por muchos de nuestros diputados y no supiesen qué otra cosa hacer sino seguir aprobando leyes que no serán ejecutadas e interpelando a funcionarios que no se darán por enterados. Lo que sucede, en verdad, es que el acto de soberanía popular que los eligió representantes es continuamente violado por la dictadura socialista.

4.

Así, de lo que se trata, dicho en breve, es que los diputados demócratas asuman, con determinación y con sentido de urgencia, la misión de representar a los ciudadanos. El desafío no es promover tal o cual conjunto de leyes sino de defender el derecho a legislar democráticamente. El asunto no es dejar de investigar y denunciar a funcionarios incompetentes y/o corruptos sino rescatar la función contralora de la AN. Los diputados demócratas deben desconocer a todos aquellos funcionarios, empezando por quienes integran la Sala Constitucional, que irrespetan la representación de la voluntad de la mayoría de los venezolanos. Pero ¿cómo se logra eso? ¿Cómo ser diputados en tiempos de dictadura? Esta es la cuestión básica y ya no tenemos tiempo para dudas.

5.

Si la dictadura impide a los diputados representar efectivamente la soberanía popular pues ellos, en legítimo cumplimiento de la Constitución, no tienen una opción distinta a la *Rebelión Republicana* (otro significado para la expresión «RR»). Cada diputado demócrata tiene que convertirse ya en un diputado rebelde. Debe centrar su esfuerzo político en ayudar a articular la protesta social en el Estado cuya población representa. En promover allí el debate sobre un proyecto alternativo de país. En hacer entender a los ciudadanos que las soluciones a los problemas que los agobian requieren que la soberanía popular, deseosa de cambio, sea respetada. Un diputado rebelde debe comprender, antes de que sea demasiado tarde, que encarna dicha soberanía. Debe recordar que se halla comprometido con los intereses generales de los venezolanos y no con los de un partido o facción. (Lo que menos necesitamos en este momento es que un diputado renuncie a su responsabilidad para convertirse en candidato a algún otro cargo de representación pública). Un diputado rebelde debe pasar más tiempo en el Estado en el que fue electo que en Caracas. Sus visitas a la capital deben dedicarse a coordinar su trabajo con el de los otros diputados y a promover el diálogo público en torno a una nueva estrategia de desarrollo para nuestro país. Un diputado rebelde debe ser, en definitiva, una figura clave en nuestra lucha por la libertad y la democracia. En el surgimiento y consolidación del *Movimiento de Unidad Democrática*.

Nosotros, por nuestra parte, los portadores de la soberanía popular, debemos saber quiénes son nuestros representantes en la AN. Entrar en contacto con ellos y apoyarles en la realización de la misión histórica que les ha correspondido cumplir.

OPOSICIÓN REINVENTADA

Prodavinci | 19.12.2016

1.

La oposición debe ser reinventada. La *Mesa de la Unidad Democrática* es, por diseño, una instancia político-electoral y, como tal, ha tenido importantes logros. El más reciente fue la resonante victoria parlamentaria del 6D y lo ocurrido luego no debe desmerecerlo. A pesar de ello está claro que la MUD –como instancia político-electoral, insisto– no ha estado a la altura de otros dos desafíos: articular la protesta social y diseñar una estrategia de desarrollo nacional. La razón de este hecho es tan sencilla como contundente: la *Mesa* no ha logrado cumplir con ese cometido porque no puede hacerlo. La *Mesa* tiene una lógica determinante: dar forma y ejecutar acuerdos político-electorales. Nada más y nada menos. Sus decisiones en otros ámbitos están, inevitablemente, mediadas por cálculos partidistas. Y esto no es bueno ni malo: cada sistema tiene su razón de ser, su lógica. El problema surge cuando pretendemos que un sistema sirva a un propósito distinto al que lo define. Luego, los otros dos desafíos a los que me refiero han requerido y requieren otros esquemas y otros participantes.

2.

La MUD debe dar paso al MUD. La *Mesa* debe convertirse en parte de un *Movimiento* de Unidad Democrática. No siempre evolucionar consiste en destruir para crear. En ocasiones evolucionar supone incluir para trascender. Nuestro reto como oposición (o, mejor dicho, como resistencia ante la dictadura) no es acabar con la *Mesa* sino diseñar otras instancias, otros sistemas funcionales que atiendan a procesos que la *Mesa*, dada su naturaleza, no puede liderar. La acción opositora debería contar pues con tres instancias, cada una con un ámbito de acción propio: 1) Procesos político-electorales (la *Mesa*), 2) Protesta social y, 3) Estrategia de desarrollo nacional. Estas tres instancias conformarían el *Movimiento de Unidad Democrática*, el MUD. La *Mesa* se trascendería a sí misma al incluirse en un sistema más complejo y con mayor capacidad para responder a nuestros principales desafíos colectivos. No ahondaré aquí en los cambios internos que la *Mesa* debería experimentar pues pienso, con toda honestidad, que quienes la integran lo saben bien. Me parece más pertinente ofrecer algunas ideas en relación con las otras dos instancias que, junto a la *Mesa*, constituirían al MUD.

3.

El país está encendido. Al finalizar este año 2017 habrán ocurrido unas 6000 protestas, de acuerdo con cifras del Observatorio Venezolano de la Conflictividad Social. Las razones directas de estas protestas son diversas: la inseguridad, la escasez, la falta de vivienda, el desempleo, el respeto al voto y, mientras escribo esto, la pérdida de dinero en billetes de 100. La mayoría de la población entiende, sin embargo, según varios estudios de opinión pública, que la causa general de nuestras desgracias es la gestión de un régimen dictatorial, incapaz y corrupto. Pero ocurre que estas protestas no han logrado convertirse en manifestación masiva y sostenida frente al régimen. La *Mesa* no ha podido ni podrá lograr esa tarea. Sí podría hacerlo una instancia integrada por representantes de diversos sectores sociales. Hay aquí, debo anotar, un reto de creatividad que no hemos resuelto. Marchas y cacerolazos ya no surten efecto. Debemos inventar nuevas formas de movilización social. ¿Qué ocurriría si en Caracas, por ejemplo, surgiesen 7 grupos, de unos 10.000 ciudadanos cada uno, dedicados a protestar, a razón de uno por día, con respecto a los diferentes problemas colectivos y con consignas comunes? No daríamos ni un día de descanso a la dictadura. Esta sería, de hecho, la base para convocar, eventualmente, a paros activos por ciudad o en todo el país, paros que no se limiten a la convocatoria a quedarnos en nuestras casas.

(*Comentario adicional*: para evitar que la dinámica de la instancia de protesta social colida con la lógica de la *Mesa*, quienes lideren aquélla quizás deberían comprometerse a no participar, durante un tiempo razonable, en ninguna elección a cargos de representación pública. Lo mismo aplicaría a quienes lideren la instancia de diseño de la estrategia de desarrollo nacional).

4.

La sociedad venezolana se viene pensando a sí misma. Existen diversos grupos de profesionales dedicados a diseñar, con visión de corto, mediano y largo plazo, propuestas de políticas públicas y de reforma institucional. Se ha realizado un excelente trabajo en esta materia. Esto no es algo reciente, para ser justos. Desde la propia *Mesa,* hace pocos años, se hizo un esfuerzo meritorio por presentar al país un plan de gobierno. Como era de esperar, esa iniciativa tuvo importancia secundaria para la *Mesa.* Los grupos que hoy se empeñan en pensar en nuestros problemas y en identificar las mejores soluciones –yo mismo formo parte de un grupo así– tienen el reto de integrar sus actividades. Esa articulación no debería consistir solo en la generación de un único producto, como un plan de gobierno. De lo que se trata es de crear un sistema que permita generar propuestas de forma permanente. Hablo pues de un proceso de planificación estratégica y no de un producto particular. Esto no presupone, claro está, acuerdos totales con respecto a los diferentes temas, pero sí con relación a un mínimo de principios y de postulados. Esto es lo que he llamado «centro» político, la «zona» de acuerdos mínimos en materia de políticas públicas y de cambios institucionales.

(*Comentario adicional*: una estrategia de desarrollo nacional no es equivalente a una visión de país, aunque ésta suponga a aquél. Una visión es la narración que una sociedad hace de su pasado, de su presente y, sobre todo, de su futuro. Sin una visión inspiradora e incluyente difícilmente los venezolanos saldremos de este profundo bache histórico en el que hemos caído. Esta es una de las áreas en las que las tareas de expertos y políticos deberán conectarse: un discurso político que no se base en una estrategia de desarrollo es pura retórica y una estrategia de desarrollo que no se convierta en discurso político es vano ejercicio intelectual).

5.

¿Cómo surgirán esas nuevas instancias? No desde la *Mesa*, desde luego. Aunque tampoco al margen de ella. Los ciudadanos organizados tienen aquí una misión histórica de primer orden. Por una parte, líderes sociales y políticos que hoy actúan en forma dispersa deben encontrarse para dar forma a un *Frente Nacional de Protesta Social*, coordinando sus esfuerzos a partir de ciertas reglas y definiciones estratégicas. De igual modo, diferentes grupos de profesionales deben crear los mecanismos para articular sus voluntades y diseñar un sistema –una *Comisión Ciudadana* o algo así– cuyo primer producto serán los lineamientos de una *Estrategia Democrática de Desarrollo Nacional*. Ni un grupo ni otro deben esperar que su impulso inicial provenga de la *Mesa*. Si eso ocurriese el riesgo de que la lógica político-electoral se imponga de nuevo sería muy alto. Una vez que emerjan las dos nuevas instancias, a partir del empuje creador de diversos actores sociales, diferentes a quienes integran la *Mesa*, todas las instancias podrán dar forma al MUD. Debo agregar que de los miembros de la *Mesa* tendríamos que esperar, por una parte, sensatez política para no sentirse amenazados ante la emergencia de estos nuevos actores e instancias y, por la otra, grandeza de alma para asumirse como parte de una organización mayor.

6.

En esta suerte de división del trabajo ninguna instancia del MUD estará subordinada a otra. Cada instancia se ocupará de lo suyo, siendo coherente con la lógica que la define (siendo autorreferencial, para usar el término más técnico). Pero también cada instancia será consistente con las otras pues todas compartirán un mismo núcleo de valores, reglas y visión. Esto exigirá comunicaciones de calidad y, en especial, diálogo del verdadero: el que supone el mutuo reconocimiento como interlocutores y se orienta a encontrar lo válido para todos. Así, se promoverá la inteligencia colectiva y los logros de cada instancia potenciarán las actividades de las otras. Todas ellas coevolucionarán, logrando satisfacer las demandas de cambio de un entorno exigente. La oposición, en definitiva, se hará más compleja para enfrentar con éxito una realidad también más compleja. Demás está decir que el MUD prefigurará la manera en que deberá funcionar el futuro *Gobierno Democrático de Unidad Nacional*.

LA SUPERACIÓN DE LA DICTADURA ECONÓMICA

La Patilla | 28.04.2014

¿Es o no dictadura? Los venezolanos vamos aprendiendo que una dictadura no es siempre el producto de la toma violenta del poder. Hemos visto cómo un gobierno electo se puede hacer progresivamente dictatorial. Estamos comprendiendo, además, que esta segunda modalidad resulta más perniciosa que la primera, pues se presta a dudas diversas. Para muchos es evidente que la represión, la persecución y la prisión por razones políticas, unidas a la ausencia de separación de poderes y a la hegemonía comunicacional, definen al régimen como una dictadura. Otros, sin embargo, continúan hablando de un gobierno con cierto sesgo autoritario pero legitimado periódicamente mediante elecciones. Mi argumento es que el régimen optó por el camino dictatorial hace varios años, al asumir al socialismo del siglo 21 como su programa político.

El socialismo es intrínsecamente dictatorial. El socialismo del siglo 21 es una nueva forma de comunismo. Lo dijo el propio Fidel hace algunos años. Y cualquiera que lea el «Plan de la Patria» podrá corroborarlo. Este socialismo asume la lucha de clases como premisa para interpretar la dinámica social e impulsar su transformación. Comparte, además, la idea de que la única forma de superar esa lucha es haciendo menguar a la propiedad privada. En el «Libro Rojo» del PSUV, por ejemplo, en medio de una retórica marxista se dice: «*La propiedad privada de los medios de producción determina en cualquier sociedad las relaciones de trabajo, las relaciones humanas y todos los aspectos de la vida, negando los objetivos de una sociedad humanista, solidaria, socialista*». Por ello, el acoso a la supuesta clase propietaria es uno de los aspectos fundamentales del proyecto político revolucionario. También lo es el control integral del proceso económico. Tales pretensiones significan, desde luego, violar las libertades económicas y generar numerosas resistencias entre los afectados por las políticas socialistas. Es por ello por lo que el socialismo tiene que ser una dictadura económica. Esto es algo que fue previsto por el pensamiento marxista, que abogaba por la «dictadura del proletariado» como fórmula para manejar la conflictiva transición hacia el comunismo. De hecho, en el citado Libro Rojo se habla de concentrar el poder «*...como forma de superar la concepción liberal burguesa de la separación formal de poderes.*»

La debacle del socialismo profundiza la dictadura. El socialismo, entendido como transición hacia el comunismo, destruye los incentivos para la inversión y el emprendimiento. Lo cual se ha traducido invariablemente en pobreza, escasez y racionamiento. El socialismo ha creado también Estados burocráticos, ineficientes y corruptos, cuyo sostenimiento ha resultado finalmente imposible. Varios regímenes socialistas, enfrentados a problemas fiscales insuperables, han acudido incluso al financiamiento mediante la creación de dinero, generando graves episodios inflacionarios. Tal cúmulo de problemas ha provocado el natural descontento social, enfrentado por las dictaduras socialistas mediante variadas estrategias represivas. Y ya no sólo contra los supuestos burgueses explotadores del pueblo sino contra el pueblo mismo.

Frente al socialismo del siglo 21 no ha cobrado fuerza aún una visión alternativa. Un mercado competitivo es democracia económica. Muchos pensamos que, en realidad, sólo una economía de mercado es compatible con la libertad de las personas y, por tanto, con el despliegue de su capacidad creadora y su espíritu de emprendimiento. Aclaro, sin embargo, que no toda economía de mercado logra eso. No lo hacen economías de mercado de tipo oligárquico (en las que el poder económico se concentra en pocos grupos sociales) o de tipo monopólico. Sí lo ha hecho la llamada economía social de mercado, caracterizada por la existencia de instituciones que no sólo garantizan los derechos económicos y evitan la conducta depredadora, sino que promueven la competencia entre los agentes económicos. En una economía así una empresa sólo alcanza el éxito si logra satisfacer las necesidades de los consumidores. La economía social de mercado es, pues, democracia económica. Su fin último es que el crecimiento de la productividad, resultado de una economía competitiva y pujante, nos beneficie a todos como consumidores, elevando nuestra calidad de vida. Y esa es una de las razones, para quien se lo pregunte, del uso del adjetivo «social» junto al término «mercado».

ME INCORPORÉ A UN PARTIDO POLÍTICO

La Patilla | 11.03.2014

1.

Un creciente número de venezolanos lucha hoy por recuperar las libertades que un gobierno autoritario le viene progresivamente arrebatando y por independizarse de la nefasta influencia de la dictadura cubana. Muchos entendemos que la mayoría de los problemas que nos agobian –escasez, inflación, inseguridad, conflictividad– son la inevitable consecuencia de un modelo de corte comunista que pretende controlar a la sociedad entera y subordinarla a una élite ambiciosa, sectaria y corrupta. Otros más lo irán entendiendo y, pronto, esperemos, una mayoría consistente comprenderá que este régimen es incapaz de conducirnos al progreso, con libertad y justicia.

2.

Los actuales eventos demuestran, sin embargo, que no basta con que hoy algunos sectores desafíen, con coraje cívico, al régimen. Requerimos, además, un trabajo de articulación social y una dirección política. Por una parte, el éxito de nuestra lucha democrática pasa por la convergencia de las diversas demandas sociales en una misma causa transformadora. Por otra parte, la diversidad de opiniones no debe ser obstáculo para lograr la coordinación que necesitamos para enfrentar a un régimen dispuesto a casi todo para mantenerse en el poder. Estas son tareas que, en circunstancias ideales, deberían cumplir, principalmente, los partidos políticos. No es lo que ocurre, como es sabido.

3.

La mayoría de los partidos han centrado sus esfuerzos en la intensa dinámica electoral de los años recientes. Han alcanzado logros tan notables como el de unificar la acción electoral opositora. No es poca cosa. Aún así, continúan teniendo bajísima credibilidad entre los ciudadanos, quienes los perciben como herramientas inútiles para otros propósitos colectivos. Muchos líderes sociales, sindicales, gremiales; muchos intelectuales y artistas; muchos ciudadanos, en general, no se plantean, ni por asomo, la posibilidad de sumarse a las filas de algún partido. Y ello da forma a un terrible círculo vicioso. Los partidos no se renuevan porque no incorporan dentro de sí fuerzas de cambio y no logran incorporar esas fuerzas porque no se renuevan.

4.

¿Está pasando acaso el tiempo de los partidos? Definitivamente no. No es concebible una democracia digna de tal nombre que no cuente con un sistema de partidos. Los partidos tienen una razón de ser y es bueno recordarlo. A tales organizaciones les corresponde, para decirlo en una frase, preparar gobiernos alternativos. Esto implica: a) dar forma a visiones del país y popularizarlas de la manera más amplia posible; b) identificar y articular posiciones e intereses; c) ejercer la oposición en situaciones de normalidad democrática o, tal como hoy se plantea, la resistencia ante una dictadura; d) preparar a los eventuales gobernantes y legisladores; e) seleccionar candidatos a cargos de representación pública y participar en elecciones. Otras organizaciones pueden atender algunas de estas tareas, pero sólo los partidos pueden y deben ocuparse de todas ellas.

5.

Resultaría un lugar común afirmar que los partidos venezolanos no cumplen con las tareas que he mencionado. Quisiera invitar, más bien, a pensar por un momento sobre la enorme complejidad asociada a la creación y desarrollo de un partido hoy en nuestro país. Para quienes viven en condominio bastará con imaginarse un hipercondominio, integrado por decenas de miles de personas, para aproximarse a las dificultades inherentes al funcionamiento de un partido. El asunto es, sin embargo, mucho más cuesta arriba. Nuestros partidos están sometidos a un proceso de exterminio, lento pero sistemático, por parte de un régimen que aspira al control total. A pesar de todo allí están varios partidos, sostenidos por numerosos venezolanos quienes, con vocación y paciencia, han construido los únicos instrumentos con potencial para enfrentar el desafío de resistir al régimen y prepararnos para una nueva era democrática. Son experiencias que deberían contar con mayor estima social si la antipolítica, que ha rondado desde hace ya demasiado tiempo entre nosotros, no lo dificultase.

6.

¿Acaso debemos esperar a que ocurra el desenlace que muchos deseamos para encontrarnos con que no tenemos partidos a la altura del reto de reconstruir nuestra democracia? Si ese fuese el caso no es impensable una situación en la que la sociedad se fraccione en innumerables grupos de interés. En ausencia de partidos políticos –reinventados, no los actuales– nadie estará cumpliendo la vital función de articular los intereses particulares con base en programas de gobierno. Surgiría entonces, progresivamente, una dinámica de facciones, de grupos enfrentados en la captura del Estado. En un contexto de ingobernabilidad como ese más de uno pensará que la solución deberá ser un régimen de fuerza que imponga el orden o, en otras palabras, una nueva dictadura. Así pues, la democracia de partidos representa el equilibrio entre una sociedad de facciones ingobernables, por una parte, y un régimen dictatorial, por la otra.

7.

Vivimos tiempos intensamente políticos. Cada uno debe encontrar la forma de contribuir al esfuerzo común para superar los oscuros días que hoy vivimos. Yo, por mi parte, me convencí, hace ya varios años, de que la política es, en un sentido profundo, pedagogía social. Creo que todo partido debe prepararse para facultar a la ciudadanía en la comprensión de los grandes temas públicos. Es preocupante que muchos partidos hayan tendido a claudicar ante el desafío de ejercer el liderazgo intelectual de la sociedad y que por oportunismo o por incompetencia hayan optado por plegarse al estado de la cambiante opinión pública. Les corresponde a los partidos estar a la altura de esa responsabilidad y ejercerla con propiedad. Esto implica, desde luego, que la propia dirigencia y militancia de las organizaciones políticas –en especial quienes ocupan cargos públicos o aspiran a hacerlo– se insertan en una dinámica de constante reflexión y formación. Con la intención de ayudar a hacer que la política venezolana sea también pedagogía social varios profesionales nos hemos incorporado a un partido que, generosamente, nos ha recibido.[17]

8.

Sigo creyendo que la política puede y debe ser una de las actividades humanas más nobles. A fin de cuentas ¿no es una actividad enaltecedora de lo humano el dedicarse a cuidar y promover el bienestar común? La política sólo será redimida si nos convencemos de que ella es compatible con la sinceridad y la honradez. Decía *Ortega y Gasset*, hace exactamente un siglo, con respecto a la política en España, lo siguiente:

> La nueva política, todo eso que, en forma de proyecto y de aspiración, late vagamente dentro de todos nosotros, tiene que comenzar por ampliar sumamente los contornos del concepto político. Y es menester que signifique muchas otras actividades sobre la electoral, parlamentaria y gubernativa; es preciso que, trasponiendo el recinto de las relaciones jurídicas, incluya en sí todas las formas, principios e instintos de socialización. La nueva

17 Debo comentar, en marco de esta compilación, que este intento de participación política no tuvo ningún resultado. Simplemente nada ocurrió. No pude –o quizás no supe– integrarme a la dinámica organizativa de un partido, tal como funciona hoy. De esto no se deriva, en absoluto, una posición antipartidista. Sigo pensando que tales organizaciones son imprescindibles en cualquier democracia.

política es menester que comience a diferenciarse de la vieja política en no ser para ella lo más importante, en ser para ella casi lo menos importante la captación del gobierno de España, y ser, en cambio, lo único importante el aumento y fomento de la vitalidad de España.[18]

9.

Ojalá otros se animen también a militar en alguna de nuestras organizaciones políticas. En la que prefieran, entre las democráticas. Los partidos tienen que ser insuflados con una parte de la energía social que está hoy en la calle. Sería algo de significación histórica que miles y miles de quienes hoy protestamos decidiésemos ayudar a renovar a los partidos y convertirlos en eficaces herramientas al servicio del rescate y avance de nuestra democracia. Del fomento de la vitalidad de Venezuela.

18 Ortega y Gasset, José (1914). Vieja y nueva política. En *Obras Completas* (6ta. Edición, Tomo V, 1966). Madrid, España: Revista de Occidente.

EL FUTURO ES LA LIBERTAD, JÓVENES

La Patilla | 14.04.2014

LOS SIN FUTURO

La protesta juvenil bien puede llamarse el movimiento de «los sin futuro». En efecto, si algo impulsa a tantos jóvenes es la convicción de que este régimen acaba con sus sueños de progreso. Cansados de esperar, derrochan su energía con creatividad y temeridad en las calles. Han visto de cerca la peor cara del régimen y han resistido. Ha sido una dura fragua de dolor, prisión y muerte. No se definen como opositores, a pesar de que varios militen en partidos. No se sienten representados sino por ellos mismos. Ni siquiera políticos que, con dignidad y coraje, comparten su lucha son considerados como los líderes de la revuelta. Los jóvenes no han aceptado dialogar sin condiciones con la dictadura y continuarán en la calle con sus demandas de justicia. Sin dar demasiada importancia a las encuestas.

LA PROTESTA COMO «CONTINUUM»

La política es diálogo y que los políticos dialogasen es lo que la mayoría esperaba. De cualquier forma, las conversaciones entre la MUD y el régimen han profundizado la brecha entre la oposición partidista y la resistencia democrática. Y es evidente que la enemistad política entre ambos sectores favorece a la dictadura. Por eso, los demócratas tenemos la obligación de realinearnos alrededor de una estrategia de protesta más compleja que la desarrollada hasta ahora. La protesta es la calle, pero no es sólo la calle. Protestar es también confrontar al régimen en una mesa de diálogo, en un foro o en un programa televisivo. La protesta tiene que ser un rango de acciones –un «continuum»– que vaya y venga de la calle al debate, pasando por otras diversas tácticas.

EL SOCIALISMO NO ES REVISABLE

El diálogo con el régimen tiene beneficios y costos. Es, por una parte, una oportunidad para actuar conforme a las expectativas de la mayoría y para protestar ante el régimen, frenando o revirtiendo algunos de sus excesos. Por otra parte, sin embargo, es un instrumento que podrá servir al régimen para negar su carácter dictatorial, sobre todo a nivel internacional. Manejar el diálogo será entonces una exigente tarea. Afortunadamente, la dirigencia de la MUD pareciera tener la capacidad para desempeñarla. En todo caso, quiero referirme a un punto que no por obvio debe dejar de destacarse: la élite dominante no va a renunciar a su proyecto de poder. A lo sumo, hará lo que Lenin recomendaba: dar un paso hacia atrás ahora para dar dos hacia adelante luego. El socialismo no será revisado y la dictadura intentará usar la crisis para profundizarlo. La principal fuente de nuestros problemas, el intento de imponer un modelo de raigambre comunista en nuestro país habrá de continuar.

EL COMUNISMO ES SIEMPRE DICTATORIAL

El comunismo pretende que el Estado registre, controle y planifique todo el proceso económico. Esta concentración de poder constituye una dictadura económica. Y ésta es siempre fuente de arbitrariedad, corrupción e ineficiencia. En contextos así la economía cae finalmente en crisis y estancamiento. Al destruir los incentivos para invertir y producir aparecen la escasez y el racionamiento. Ante la inevitable protesta social el régimen acude al uso de la fuerza, el chantaje, el miedo. Para ese momento la élite dominante ya no tiene nada que ofrecer a la mayoría. La dictadura económica se hace dictadura política en su intento de empotrar a la sociedad dentro del ideal comunista. El conflicto se plantea entonces entre quienes aspiran a la libertad y quienes han secuestrado al Estado. Este es el punto al que los venezolanos, repitiendo ese viejo guion, hemos llegado.

OTRA VENEZUELA ES POSIBLE

La protesta pacífica debe continuar hasta conducirnos a una elección presidencial adelantada. En esa coyuntura la visión de un país diferente y mejor deberá contraponerse al ideal socialista. Esa visión tiene que perfilarse y popularizarse desde ahora. Cada vez somos más quienes abogamos por una sociedad que tenga como eje la libertad de la persona y su dignidad. Una sociedad en la que cada uno pueda desarrollar las capacidades y tener las oportunidades para labrarse un proyecto de vida. Una sociedad basada en una democracia que se caracterice por el diálogo y la transparencia; en una economía de mercado que promueva la propiedad privada, la competencia y el emprendimiento; en una política social que se oriente a la generación de capacidades productivas en los ciudadanos. Tal sociedad será mantenida por nuestro civismo y por instituciones incluyentes, a salvo de grupos de poder que buscan rentas particulares en perjuicio de la mayoría. Esa sociedad es posible. El futuro es la libertad, jóvenes.

GASOLINA: SERVIDUMBRE Y LIBERTAD

Analítica.com | 07.01.2014

La baja forzosa de precios del mes pasado le ha dado varios buenos frutos al régimen. Influyó en los resultados de las elecciones municipales y le sirvió para avanzar en su estrategia de control y planificación central de la economía. Ahora le permite plantearse el aumento del precio de la gasolina. Confía en que no habrá nada parecido a una protesta popular pues el saqueo que promovió y administró en diciembre quitó presión a la «caldera» social.

Es cierto que, al precio actual, PDVSA incurre en pérdidas produciendo y vendiendo gasolina en el mercado interno. Tal precio es sólo una fracción del costo de producción. El asunto es peor si se considera el costo de oportunidad de la gasolina, es decir, lo que deja de ganar PDVSA al no vender ese producto al precio que tiene hoy en el mercado mundial. También es verdad, por otra parte, que el gobierno tiene crecientes problemas para mantener su nivel de gasto y que este es el principal foco de inestabilidad de nuestra economía. Todas esas consideraciones son ciertas y deberían bastar para justificar el alza del precio del combustible.

Esa sería, sin embargo, una conclusión correcta sólo desde un punto de vista económico, pero terriblemente equivocada desde una perspectiva más amplia. Hoy, en efecto, están en juego asuntos mucho más graves que las pérdidas de PDVSA o el financiamiento del déficit fiscal.

El gobierno que pretende ajustar el precio del combustible no es cualquier gobierno. Es uno que nos empuja constantemente hacia un camino de servidumbre, que va tomando control de todo el proceso económico y que no ha tenido problema alguno en despilfarrar centenares de miles de millones de dólares, en endeudarnos en otros miles de millones más, en permitir niveles de corrupción sin parangón histórico, en comprar lealtades de otros gobiernos mediante onerosas alianzas.

Es sabido que los regímenes comunistas politizan todo, especialmente la economía. Sus decisiones tienen que ser comprendidas entonces como parte de un proyecto de poder que aspira al control total. Sin embargo, la economía es terca y pone límites a la desmesura del poder. Así, el régimen venezolano acude ahora a la racionalidad económica que siempre ha subestimado para justificar el incremento del precio de la gasolina. Nos encontramos entonces ante la paradójica situación de que quienes siempre hemos argumentado a favor de aquella racionalidad debemos ahora utilizar razones fundamentalmente políticas para oponernos al incremento en cuestión. Pero no tenemos opción pues en esos términos se plantea el conflicto.

El gobierno usará, otra vez, la manipulación y el chantaje. Dirá que los recursos que provengan del ajuste del precio de la gasolina serán para el pueblo. Ofrecerá parte de lo que piensa obtener a alcaldes necesitados. Acusará a quienes se le opongan de irracionales y de enemigos de la paz, del bienestar y hasta del medio ambiente. Intentará, sobre todo, acercarse tácticamente a la oposición para que no lo ataque por la decisión y comparta su costo político.

Nuestra respuesta no debe centrarse en la gasolina como tema y debemos denunciar, más bien, con firmeza y creatividad, cosas como el irresponsable endeudamiento público, la violación del artículo 320 de la Constitución que impide al BCV financiar los déficits gubernamentales, la incoherente política cambiaria, la sistemática succión de recursos por parte del socialismo chulo cubano y de otros gobiernos oportunistas, la enorme corrupción, las expropiaciones y los controles que destruyen los incentivos para invertir en nuestro país.

Para los millones de venezolanos que nos oponemos al comunismo se trata casi de una cuestión de desobediencia civil. Tenemos que hacer lo necesario para no continuar suministrando dinero al régimen que destruye nuestro ideal de una sociedad libre, justa y próspera. No podemos olvidar, ni por un instante, que la servidumbre en una sociedad comunista no llega de un día para otro, sino que es el resultado acumulativo de innumerables decisiones y omisiones. Si consentimos que el gobierno aumente el precio de la gasolina estaremos, en definitiva, surtiendo más combustible a la maquinaria totalitaria que amenaza nuestra libertad.

Pero si, a pesar de todo, el régimen logra su cometido deberá pagar, en exclusividad, el mayor costo político posible. La alternativa democrática no puede cargar con ninguna responsabilidad al respecto. Y la incoherencia y la hipocresía del régimen deben quedar en evidencia.

CONFIDENCIAS IMAGINARIAS DE GIORDANI

Ideas de Babel | 09.12.2013

Sentado en su viejo sillón hojea distraídamente un también viejo, muy viejo, ejemplar de «Cuadernos de la cárcel», de *Antonio Gramsci*. Con las obras de este pensador y político, fundador del partido comunista italiano, se tropezó a sus 19 años y le marcaron la vida. Acude a ellas cada cierto tiempo, sobre todo en momentos de dudas. Reafirma así su convicción íntima de ser, como *Gramsci*, parte fundamental de una voluntad política transformadora, del intelectual orgánico que no es una persona sino un colectivo. «Instrucción e inteligencia, agitación y entusiasmo, organización y fuerza son los elementos requeridos para construir el Intelectual Orgánico…», ha escrito. En su caso, la agitación y el entusiasmo los ha asociado siempre a otro personaje: al aventurero y guerrero *Giuseppe Garibaldi*, impulsor de la unificación italiana, «héroe de dos mundos». Su propio padre, *Primo*, fue garibaldino y formó parte de la Brigada *Garibaldi* que luchó en apoyo a la República española. Así, pues, son tres «G» las que lo constituyen: *Gramsci*, *Garibaldi* y *Giordani*. Se cree parte, en definitiva, de una tradición libertaria. No logra ver en lo que realmente se convirtió.

Su reflexión intelectual, su formación ingenieril y su vocación política lo orientaron hacia la planificación central de la sociedad. Esto lo llevó, inevitablemente, a desarrollar una tendencia hacia el control de todo lo que pudiese alterar sus grandes planes. Y la libertad de las personas siempre es una molestia para quienes pretenden convertir a la sociedad en un «hormiguero ejemplar», como decía *Uslar*. Por esa vía se deslizó progresivamente, en lo personal y en lo social, hacia al autoritarismo y, más aún, hacia el totalitarismo. ¿O, tal vez, ocurrió a la inversa? ¿Quizá una íntima disposición hacia el totalitarismo lo puso en la ruta del planificador central? Es difícil saberlo. Lo cierto es que, hace ya unos cuantos años, un perverso contrato psicológico fue suscrito entre este ingeniero social y el último caudillo. Cada uno encontró en el otro la horma de su zapato. Halló así su lugar dentro de la élite corrupta que hoy usurpa el poder y nos domina.

SARUMAN ENTRE NOSOTROS

El anillo del poder lo corrompió. Ya no es capaz de entender que el verdadero espíritu libertario, el que nunca se someterá al poder, hace mucho tiempo le abandonó y que es a otros a quienes hoy inspira. A esos otros que finalmente derrotarán la oscuridad que un régimen premoderno, casi medieval, trae consigo.

> *De mí dicen que soy un oscuro monje. La verdad, no es algo que me moleste demasiado. He cultivado la paciencia, la astucia, la austeridad. Me siento como un asceta de la revolución. He sabido moverme con habilidad entre sutiles juegos de poder. Mi fortaleza ha estado en ser el único con ideas claras en medio de tantos ignorantes de los asuntos de la economía y de la planificación. Aunque mis adversarios me califiquen*

de dinosaurio intelectual y digan que sólo persona-
jes como Chávez o Maduro me han podido considerar
un maestro. Pero ¿qué saben esos pseudointelectuales
burgueses del plan comunista que he ido creando y que
progresivamente he venido implementando? Además
¿qué me interesa entender su economía de mercado
que aspiro a destruir? Dicen también que soy pésimo
escritor y peor vocero, que mi prosa es aburrida y
confusa…

Se remueve en su sillón porque, en el fondo, teme que eso sea cierto. Una oleada de resentimiento le hace sentir un sabor amargo en la boca. Con rapidez, sin embargo, desvía sus pensamientos hacia sus planes. Se eleva nuevamente hacia su utopía de una sociedad comunista. Repasa mentalmente las grandes líneas de la estrategia.

USAR LA CRISIS PARA AVANZAR

El proceso revolucionario se ha acelerado. Las dificul-
tades económicas se han convertido en una magnífica
oportunidad para avanzar. ¿Hay inflación y escasez?
Pues culpemos a nuestros enemigos de clase de
provocar una guerra económica, de comportarse como
especuladores y aprovechemos para controlar todos los
precios y las ganancias. ¿Las divisas son insuficientes?
Avancemos en su control y centralicemos de una vez el
comercio exterior. Usemos las divisas para lo realmente
necesario, racionando las importaciones. Este país
puede funcionar con algo más de la mitad de las
divisas que ha usado anualmente durante los últimos

*tiempos. Yo sé bien que una parte de esas divisas
se filtraron hacia los bolsillos de corruptos. Lo he
comentado varias veces, aunque no pueda decir mucho
más para no darle argumentos a nuestros enemigos.
De todos modos, tenemos que cambiar los patrones de
consumo de esta sociedad. Y tenemos que simplificar la
economía para que pueda ser controlada y planificada
centralmente.*

*Debemos seguir enfrentando, sin descanso, a nuestros
enemigos. Poner al pueblo en su contra. Desviar hacia
ellos la responsabilidad de la corrupción. Debilitar-
los de cualquier manera. Provocar que se peleen entre
sí. Los pequeños empresarios y comerciantes contra los
grandes, los arrendatarios contra los arrendadores,
las clínicas contras las aseguradoras. Como hienas
se disputarán las ganancias que irán desapareciendo
do. Tenemos que desprestigiar a los gremios empresa-
riales y reducirlos hasta la insignificancia. Divididos
y subordinados a nuestros planes, sin poder alguno,
serán incapaces de organizarse ni de financiar a otros
para que lo hagan. Y las empresas que no quieran
someterse o quieran cerrar, las entregaremos a los trabajadores, a los obreros, a las comunas.*

*Tarde o temprano tendremos una economía de
pequeñas empresas mayoritariamente socialistas y
unas pocas privadas. Con grandes empresas estatales
y con algunas transnacionales que no se metan en
política como socias.*

Por cierto, pronto tendremos que ir también por la banca. El sistema de ahorro y crédito es una pieza vital del proyecto comunista. Y esos banqueros codiciosos han podido enriquecerse suficientemente. También tenemos que reducirlos. La banca pública tiene que seguir creciendo.

TODOS REGISTRADOS, TODOS CONTROLADOS

Empresas, colegios, universidades, clínicas… Nadie se podrá hacer rico a través de ellas. Así prohibiremos y acabaremos con la inflación. Pero también acabaremos con el desempleo. Romperemos con la lógica del capital y crearemos la lógica del trabajo. Después de todo hay mucho trabajo que hacer desde un Estado cada vez más importante y desde una economía comunal que no buscará el lucro.

La renta petrolera nos tiene que alcanzar para seguir invirtiendo, mientras el nuevo modelo productivo socialista se consolida. Sin descuidar la satisfacción de las necesidades del pueblo, por supuesto. Algo de populismo será necesario durante la transición.

Al mismo tiempo, tenemos que ir pasando progresivamente poder a los trabajadores, a las comunidades, a los estudiantes. Debemos impulsar con más fuerza a los consejos comunales, a los consejos de trabajadores, a los consejos estudiantiles. Con nuestra gente, por supuesto. ¿Habrá algún opositor que piense seriamente que puede colarse en alguno de estos consejos? ¡Hay que ser ingenuo! No hay nada como la estructura de soviets para consolidar la revolución. Consejos debidamente registrados y alineados con la revolución. El pueblo ejecutando las líneas del plan central: fiscalizando precios y ganancias, vigilando la contrarrevolución, siendo propietario colectivamente, formando milicias.

Como decía Lenin: «Cuando la mayoría del pueblo comience a llevar por su cuenta y en todas partes este registro, este control sobre los capitalistas (que entonces se convertirán en empleados), (…) este control será realmente un control universal, general, del pueblo entero, y nadie podrá rehuirlo, pues no habrá escapatoria posible». Era un tipo lúcido, el camarada Lenin.

Al final, la economía será toda un gran Ministerio, una gran fábrica, una única organización. Y al frente de todo, una Comisión Central de Planificación, una máxima autoridad que solamente deje por encima de ella misma a la Presidencia de la República. Y al frente de esa Comisión, yo, el hombre de las tres G.

Todas las piezas van encajando, piensa y sonríe calladamente.

HUGO Y NICOLÁS

Con Nicolás las cosas han sido más fáciles de lo que esperaba— reflexiona.

La tragedia que para él significó la muerte de Hugo ha sido compensada, en parte, por los avances de su plan en las nuevas circunstancias.

¿Quién lo hubiese dicho? Cuando Hugo murió temí que todo se perdiese. Pero parece que lo contrario es lo cierto. Hugo era un revolucionario, no lo dudo. Pero era zamarro como buen llanero y, frecuentemente, se ponía creativo. Desconfiaba e inventaba. Avanzaba, retrocedía, se movía hacia los lados. Nicolás es más previsible, pues carece de ideas propias. Los únicos libros que ha leído en su vida son aquellos manuales de marxismo que hojeó como militante de la Liga Socialista y que nunca entendió muy bien. Nunca tuvo cabeza para los estudios. Sólo para la politiquería. Por eso miente tan tranquilo y se atreve a hablar con desparpajo de cosas que no entiende. No siempre lo hace bien, sin embargo. De hecho, se equivoca demasiado. Hace chistes malos para salir del paso y habla más de la cuenta.

Pero no importa. Nicolás era la mejor opción que teníamos. Era el primero en las encuestas y el más cercano a los Castro. Además, en el escenario de que Hugo sobreviviese a su enfermedad, dejar a un segundón como Nicolás en la presidencia era la forma de que siguiese ejerciendo el poder desde las sombras. Como Fidel y Raúl. Es verdad que Nicolás es como un troll, grande y torpe. Pero por esa misma razón hace cosas que nos permiten avanzar y que Hugo no pudo hacer. ¿O no quiso hacer?

Dicen por ahí que Hugo intuía que mi plan hacia el comunismo no podía ser aplicado integralmente pues no sería viable. Y Hugo no quería cerrarse opciones.

Lo suyo era mantenerse en el poder de cualquier modo. Pero no es verdad que no fuera comunista. Son cosas de esos grupos de pragmáticos y reformistas que quieren mezclar una verdadera revolución con políticas económicas burguesas. Son una desgracia. Al igual que esos corruptos de cuyas andanzas me entero a diario. Menos mal que los tengo también registrados.

DIOSDADO APARECE

Ese personaje. Qué difícil ha sido lidiar con él durante todos estos años... Su ambición de poder ha sido útil, sin duda. También sus pocos escrúpulos. Pero él no representa, en absoluto, al tipo de líder socialista que necesitamos. Nunca he bajado la guardia ante él. No le tengo confianza. Lo que si le tengo es un largo expediente. Y él lo sabe. Así, nos respetamos a la distancia. Lo preocupante es que hay unos cuantos similares a él... Afortunadamente, ya va madurando la generación del Frente Francisco de Miranda. ¡Qué buena idea tuvo Fidel! Ojalá se mantengan íntegros, como verdaderos comunistas. Aunque ya he sabido de algunas cosas. También los registro. Por si acaso.

A SALVO DE LA AMENAZA ELECTORAL

Pensar en el Frente le hace revivir los difíciles días de las elecciones recientes y el frío miedo que sintió ante la posibilidad de perder el poder.

La verdad es que cada elección se ha convertido en un auténtico parto. Definitivamente, tenemos que impedir que se consoliden nuevos líderes opositores que nos puedan derrotar. A pesar de todos los recursos y la movilización, perdimos aquellas elecciones. Menos mal que algo pudimos hacer para resolver el asunto. No me queda ningún remordimiento. ¿Acaso debemos entregar el poder al enemigo de clase por haber alcanzado menos votos en una elección del sistema representativo burgués? ¡Ni de vaina! Una revolución no puede perder elecciones, como dijo Fidel.

Y los partidos opositores… No podemos desaparecerlos. Los medios de la derecha internacional y los gobiernos de otros países nos harían la vida imposible. A los opositores los necesitamos por ahora, siempre y cuando no sean un enemigo real. Nos servirán para mantener el tono de conflicto que una revolución siempre necesita. Los asfixiaremos, pero no los ahorcaremos. Más adelante se harán insignificantes. Al igual que los espacios políticos que puedan alcanzar en Estados y municipios.

Cuando se fortalezca la arquitectura del Estado comunal el Estado liberal burgués será sólo una sombra. Las alcaldías y gobernaciones casi no tendrán competencias ni recursos. El poder real estará en la organización comunal de la sociedad, a lo largo y ancho del territorio.

Me causa risa escuchar a los opositores criticando al Estado comunal que vamos construyendo. Usan argumentos de la institucionalidad que vamos derrumbando para denunciarnos. Dicen que el Plan de la Patria es inconstitucional. Son unos desubicados. Pareciera que no quieren entender que esta es una revolución comunista. De nuevo tipo, es verdad. Pero comunista, en todo caso. En fin. Mejor para nosotros.

Pero me preocupa que no estemos avanzando tan rápido en la construcción del sistema parlamentario comunal. Es la manera de hacer elecciones sin riesgo de perder el poder. Como en Cuba. Nuestras comunas eligiendo a sus voceros ante la Asamblea Nacional del Poder Popular.

Otro problema es nuestro propio partido. Y los benditos aliados. Hay tanto que hacer para convertirlo en una fuerza ideologizada y eficaz. Nuestro partido tiene que ser el «Príncipe moderno», como decía Gramsci. Una voluntad colectiva organizada, la superación de la dispersión del pueblo. Algo semejante a lo que debemos hacer también con la Fuerza Armada. No sólo tenemos que militarizar al Estado y a la sociedad. Debemos politizar además a la Fuerza Armada. Pero hay tanto oportunismo y corrupción en esas organizaciones... Y, desgraciadamente, son asuntos que están más allá de mi ámbito de control.

NO PUEDE HABER TANTOS BURGUESES

Por supuesto, todo sería más fácil si la oposición se resignase. Pero ¡carajo! ¡Esta gente no se cansa! Han pasado no sé cuántos años fuera del poder y aún siguen quejándose y protestando. Ya hay incluso otra generación de opositores. A veces, me parecen irreductibles. Son la mayoría, por lo que dicen las cifras. Pero la burguesía no puede ser nunca la mayoría de un país. ¡No puede haber tantos burgueses! Hay muchos confundidos y desclasados. Es la única explicación. Hablan de libertad y de derechos humanos. ¡Puros prejuicios burgueses! Pero, me pregunto, ¿cuántos de los nuestros estarán realmente dispuestos a vivir en una sociedad comunista?

Por ahora tenemos que ganarnos a la clase media como sea. Eso está claro. Y nada mejor que la estrategia del palo y la zanahoria. Les quitamos libertades y les damos pantallas planas. Pero ¿y si siguen aspirando a otras cosas? La cantaleta de la libertad y del progreso es dura de callar. Si tan sólo comprendiesen la utopía comunista que les construyo… Algunos se burlan de nuestra idea de alcanzar la «Suprema Felicidad del Pueblo». Pero, aunque se rían hacia allá vamos, hacia la igualdad «sustantiva». Todos viviremos en igualdad de condiciones, aunque seamos todos un poco más pobres. Después de todo, ¿quién puede creer que en una sociedad socialista la gente vivirá como ricos burgueses? Y los que no lo entiendan, pues lo mejor será que se vayan del país mientras puedan.

Por eso decía Gramsci que si no logramos la hegemonía cultural el comunismo no será posible. No basta con controlar el proceso económico y modificar las relaciones de producción. Tenemos que poner definitivamente a los medios de comunicación al servicio de la creación de la consciencia socialista. La publicidad también deberá ser controlada, hasta minimizarla. Los canales privados se financian de eso. Irán cerrando o subordinándose a la propaganda oficial. Y tenemos que avanzar, por supuesto, en el control del sistema educativo. Pero la resistencia allí es tan fuerte...

«Control, control, control». La palabra reiterada le trae un mal pensamiento.

MENOS MAL QUE NO SE ORGANIZAN

¡Qué vaina! ¿Será que estamos creando un sistema de dominio y represión como el de Stalin o algo parecido? No puede ser. Nosotros luchamos por la liberación del ser humano. Como Gramsci, como Garibaldi, como mi padre... Los opositores y burgueses representan lo peor del género humano. No tengo ninguna duda al respecto. Por eso tenemos que neutralizarlos políticamente. Inhabilitar a sus líderes. Lograr que la mayoría que hoy son no tenga expresión electoral. Tenemos que desmoralizarlos. Por aquello de que quien no aspira a vencer, ya está vencido. Debemos quebrarles el espinazo. Convertirla en una oposición invertebrada, incapaz de erguirse. Pero que no desaparezca. Al fin y al cabo, su existencia nos mantiene en alerta. Ellos podrán ser, además, los culpables de cuantos problemas se presenten. Son los sospechosos habituales. Y si se convierten en un peligro pues chantaje, amenaza y represión con ellos. En ese mismo orden.

Aunque yo prefiero tácticas que no nos involucren directamente. Es mejor que se peleen entre ellos mismos y se dividan. Menos mal que una parte importante de los opositores son los principales detractores de sus propios partidos. ¿No entienden acaso que sin organización política no van a ningún lado? Por supuesto que no. Nunca han leído a Gramsci. ¿Qué sería de la revolución si esta gente se decidiese a reconstruir sus partidos? ¿Si miles y miles empezasen a militar y a actuar en forma coordinada? Mejor ni lo pienso.

LA RAZÓN MONSTRUOSA

Los años pesan. Y el poder también. El cansancio y el sueño van venciendo al monje, al profeta, al intelectual orgánico. Al constructor de un orden comunista. Al destructor de una sociedad de hombre y mujeres libres.

Pero, en última instancia, no importa lo que pase. Si la revolución es interrumpida será porque las circunstancias históricas no eran las más apropiadas. Ya renacerá en mejores tiempos. Si sumerge a la economía en la escasez, el racionamiento y en la miseria, mejor aún. Así superaremos definitivamente el consumismo capitalista. La prosperidad socialista es cosa del futuro. ¿Cuánto tiempo? El necesario. Décadas, siglos. ¿Quién lo sabe? Y, la verdad, tampoco me interesa.

Estos pensamientos lo tranquilizan y, finalmente, se hunde en el sopor. Su visión del mundo sigue intacta. Está hecha a prueba de evidencias. Él tiene la razón y nada ni nadie en este mundo podrán demostrarle lo contrario.

El sueño de la razón produce monstruos, pensó *Goya*. No se equivocaba. Uno de ellos, taimado y perverso, habita hoy entre nosotros. Desde el poder pretende empotrarnos dentro de su sociedad utópica. No lo logrará.

TESIS DE ABRIL Y MÁS ALLÁ

La Patilla | 16.03.2013

Los dos posibles resultados de las próximas elecciones nos conducen hacia dos futuros muy distintos entre sí. Continuamos pues en un punto de bifurcación. En tal circunstancia debemos evitar que el agudo estrés al que estamos sometidos determine nuestras acciones. Las siguientes líneas sólo pretenden ser una contribución a la necesaria reflexión. Se organizan alrededor de seis ideas. Las tres primeras se refieren, fundamentalmente, a la presente coyuntura electoral: 1) Chávez falleció y Maduro no es Chávez; 2) Participar no implica legitimar; 3) El cáncer no se inocula ni contagia, pero el pesimismo sí. Las tres siguientes intentan elevar la mirada hacia el mediano plazo: 4) Aunque el chavismo resultase victorioso, el modelo socialista podría haber entrado ya en su fase de decadencia; 5) Una estrategia de desarrollo basada en el emprendimiento y la inclusión social podría generar un «milagro» venezolano; 6) La gobernabilidad en nuestro país sólo es posible si reconstruimos nuestra comunidad política.

1. CHÁVEZ FALLECIÓ Y MADURO NO ES CHÁVEZ

En medio del espectáculo mortuorio de los últimos días pareciera olvidarse lo obvio: Chávez se fue. Y aunque su imagen, su voz, su nombre serán políticamente instrumentalizados hasta la saciedad y se intentará crear una suerte de religión chavista, lo único cierto es que Chávez ya no está. Su carisma indudable, su estilo zamarro, su capacidad de narrador y cuenta cuentos, su energía y convicción, entre otros atributos, no son transferibles. Tampoco lo es, por tanto, su indiscutible liderazgo.

Maduro es una pobre versión del líder revolucionario. No sólo carece de aquellas cualidades, sino que se caracteriza por un pensamiento que oscila entre manual marxista y frases de Sai Baba, por un estilo entre aburrido y grosero, por no poseer una épica personal. Su mal desempeño en las semanas recientes, salpicado de graves mentiras, ha erosionado además su credibilidad. Le falta pues lo necesario y le sobra lo inconveniente. Por eso su situación es difícil y su liderazgo, precario. Él lo sabe y el temor que le embarga se exterioriza en ciertos gestos y actitudes.

De nada le servirá la creación de una supuesta dirección colectiva ya que es inherente a los procesos revolucionarios la existencia de un liderazgo personal e incuestionable. Dentro del chavismo existen líneas de fractura que únicamente Chávez, con esfuerzo, supo mantener controladas.

Todo ello no significa, por cierto, que Maduro no pueda ganar las próximas elecciones. Lo que implica, fundamentalmente, es que si resulta triunfador no será por sus condiciones personales sino por el efecto funerario que se hallaría aún en su apogeo. Y eso no es poca cosa.

2. PARTICIPAR NO IMPLICA LEGITIMAR

Una de las creencias que aún subsiste en unos cuantos opo-

sitores es que participar en las elecciones, en la manera tan
desfavorable e injusta como lo hemos hecho y como lo ten‐
dríamos que hacer de nuevo, le otorga *necesariamente* le‐
gitimidad al régimen. Esto es discutible, al menos por dos
razones.

La primera razón es que una campaña presidencial es una
ventana desde la cual el mundo se asoma a nuestra reali‐
dad. En ese sentido, participar en esa contienda política pue‐
de ser la mejor y tal vez única oportunidad para denunciar
eficazmente, nacional e internacionalmente, lo que aquí su‐
cede. Quizás ello no conduzca al triunfo, pero puede dejar,
definitivamente, una mancha persistente de dudas sobre el
nuevo gobierno y generar dinámicas en este momento im‐
predecibles. Esto, de hecho, es lo que la historia sugiere. Mu‐
chas coyunturas electorales marcadas por el abuso de poder,
en otras sociedades y en la nuestra, han desencadenado cri‐
sis políticas que han conducido a desenlaces inesperados.

La segunda razón que cuestiona la idea de la no participa‐
ción es que ésta se convierte en un gesto vano si no forma
parte de una auténtica estrategia de rebeldía democrática.
Si no se participa porque el proceso no es legítimo, el presi‐
dente electo tampoco será legítimo y, por tanto, no deberá
ser reconocido. ¿Qué se deriva de tales definiciones políticas?
Pues, dicho en breve, que la oposición deberá asumir, de ma‐
nera sostenida, gestos significativos de desafío ante el poder
fáctico. ¿Es realista una estrategia así? Honestamente, no lo
creo. Y aunque lo fuese durante algún tiempo, ¿cuándo cesa‐
ría? ¿Cuándo el gobierno cayese? La verdad es que éste pare‐
ciera ser un camino sin un destino claro.

Así pues, luce mucho más eficaz, a los efectos de lograr mostrar la ilegitimidad del régimen, participar en las elecciones, desarrollando una inteligente estrategia político–comunicacional para denunciar ante el mundo la violación de nuestros derechos políticos.

3. EL CÁNCER NO SE INOCULA NI CONTAGIA, PERO EL PESIMISMO SÍ

Uno de los procesos sociales más paradójicos es el que algunos autores han llamado «profecías autocumplidas». Su lógica es sencilla y hasta obvia, una vez que se piensa en ella. Aun así, sus efectos pueden ser muy importantes. Si un grupo de personas se convence a sí misma de que cierto evento ocurrirá, es posible que se conduzca de tal forma que, sin proponérselo, contribuya a que ese evento efectivamente suceda. Cuando eso acontezca, el grupo verá reafirmada su expectativa inicial, sin percatarse de que fue él quien, con su comportamiento, hizo que el futuro esperado se hiciese realidad.

Si unos cuantos opositores, debido a la apabullante estrategia mediática del régimen, a la historia de derrotas recientes, a las condiciones desfavorables o a la razón que sea, nos convencemos de la inutilidad de participar en las próximas elecciones, seguramente no nos movilizaremos. El asunto es que, además, iremos contagiando nuestro pesimismo a otros, como agentes transmisores de la desmovilización. Si ese es el caso, ocurrirá que efectivamente la oposición sufrirá una nueva y significativa derrota. Ante esa eventualidad, muchos dirán que eso era predecible y que, efectivamente, no había nada que hacer. Estaríamos así ante un clásico ejemplo de la profecía autocumplida a la que nos referimos.

La verdad es, sin embargo, que hay razones para pensar que una victoria opositora es posible en las próximas elecciones del 14 de abril. No debemos olvidar que en las elecciones del 7 de octubre pasado los opositores sumamos más de 6 millones y medio de personas y que a pesar del enorme y grotesco abuso de poder, Chávez pudo superar a Capriles en sólo unos 10 puntos porcentuales. ¿Por qué es impensable que los opositores logremos nuevamente aquella cifra? ¿Por qué no tomarla como nuestro «piso» en cuanto a caudal electoral? ¿No podría ocurrir, por otra parte, que un porcentaje de los chavistas no radicales se desmovilice? Maduro no es Chávez, insistimos.

Se trata, por supuesto, de suposiciones. Pero de suposiciones razonables. Y aunque no podamos sustentarlas en datos cuantitativos sí podemos asegurar que un shock de optimismo opositor es factible. El sombrío panorama que algunos perciben hoy podría cambiar radicalmente. Al fin y al cabo, una profecía autocumplida también puede hacer realidad futuros deseables.

4. AUNQUE EL CHAVISMO RESULTASE VICTORIOSO, EL MODELO SOCIALISTA PODRÍA HABER ENTRADO YA A SU FASE DE DECADENCIA

El socialismo chavista se encuentra en un momento muy difícil. Puede hallarse, de hecho, al comienzo de su declive. Han coincidido la desaparición de su líder fundamental y la aparición de algunos de sus límites.

Durante varios años el régimen ha intentado dar forma a una sociedad socialista mediante la promoción del conflicto clasista, la creación progresiva de un Estado comunal, la unificación de poderes y su centralización, el control económico y las expropiaciones, la hegemonía comunicacional, la persecución política, la militarización del Estado y la sociedad, la manipulación de la memoria histórica, el culto a la personalidad. Ello ha hecho del modelo chavista algo muy similar a las experiencias comunistas del siglo XX, algunas de las cuales aún persisten.

Por otra parte, sin embargo, una abundante renta petrolera y el uso irrestricto de la deuda pública, le han permitido al régimen sostener un enorme gasto público y un inmenso volumen de importaciones. Lo que se ha creado ha sido entonces una extraña mezcla de comunismo y clientelismo, un modelo con dos caras que confunde a quienes intentan comprenderlo. Si a tal caracterización se le agrega el surgimiento de auténticas mafias, civiles y militares, dentro y alrededor del Estado, el asunto resulta más complejo aún.

Pero todo tiene límites. Ya los ingresos fiscales son insuficientes para seguir financiando el desatinado experimento. Escasez, inflación, desempleo, inseguridad, entre otros graves problemas, aparecen ya como rasgos inseparables del socialismo del siglo XXI. La reciente devaluación es apenas, desgraciadamente, el primer aldabonazo de lo que podría venir. El futuro alcanzó pues al modelo chavista.

De ganar en las próximas elecciones presidenciales, es muy probable que la manera en que el régimen pueda, durante algún tiempo, continuar tercamente imponiendo ese modelo sea mediante dosis crecientes de conflicto clasista, represión política, control económico. Eso, lejos de solucionar los problemas, los agravaría. No es descartable, desde luego, que ante tales tendencias el régimen intente, como lo ha hecho siempre, responsabilizar a otros de las dificultades. Pero la realidad sería finalmente inocultable y sólo un sector fanatizado podría creer indefinidamente en la verdad oficial.

El régimen se halla, en síntesis, en una situación trágica. Si desistiese en la implantación de su modelo, perdería aliados radicales que le resultan imprescindibles. Si persistiese en impulsarlo, se haría crecientemente ilegítimo nacional e internacionalmente. Es difícil imaginar a Maduro al frente de un proceso tan complejo, proceso que el propio Chávez no debió enfrentar.

No es exagerado afirmar que Maduro no sólo ha sido el enterrador de Chávez. De ganar las elecciones, sería también el enterrador de su modelo. La culpa no habrá sido suya, sin embargo, sino de un modelo que, simplemente, no era viable y que, tarde o temprano, habría de frustrar al pueblo. Algo que quizás Chávez íntimamente comprendió.

5. UNA ESTRATEGIA DE DESARROLLO BASADA EN EL EMPRENDIMIENTO Y LA INCLUSIÓN SOCIAL PODRÍA GENERAR UN «MILAGRO» VENEZOLANO

En el escenario de una victoria de los sectores democráticos, Venezuela podría vivir, durante los próximos años, un «milagro» económico y social. No es una exageración. Tampoco es una predicción. Se trata tan sólo de una posibilidad basada en ciertas oportunidades cuyo inteligente aprovechamiento depende únicamente de nosotros.

De actuar con el tino necesario, nuestro país podría enrumbarse hacia un destino de prosperidad y justicia. Nada de lo que hemos vivido hasta el presente tendría comparación con lo que podríamos lograr, un verdadero salto cualitativo y cuantitativo en nuestro desarrollo. En cierta forma, los venezolanos podríamos darnos una segunda oportunidad y, esta vez sí, hacer bien las cosas.

Podríamos desatar potenciales creativos, hoy inhibidos y reprimidos, mediante una estrategia de desarrollo que asuma el emprendimiento como la fuente de la riqueza. Entendiendo que el emprendimiento sólo puede florecer en una economía libre y competitiva, con un Estado centrado en la garantía de los derechos ciudadanos y en la provisión de bienes públicos. En dicha estrategia jugaría un papel esencial, desde luego, la expansión acelerada de nuestra producción energética. Pero en un contexto de estabilidad y orden, muchas otras áreas de nuestra economía podrían recibir también importantes inversiones con su consecuente creación de empleos productivos y bien remunerados. En ese proceso participarían, sin duda, muchas naciones «amigas» del actual régimen.

Si ello se articula con una eficaz estrategia de inclusión social, lograríamos que el mayor crecimiento económico se tradujese en mayor bienestar para la mayoría. Al respecto, los años de revolución bolivariana nos dejan dos lecciones. La primera es el grave error moral y práctico que significó, para la democracia tradicional, no ocuparse de manera efectiva del problema de la pobreza. La segunda es el riesgo de que el apoyo a los sectores pobres conduzca a prácticas clientelares que subordinen a muchos de ellos, como nuevos súbditos, a la élite que ejerza el poder del Estado.

La superación de la pobreza pasa, en realidad, por promover el desarrollo de capacidades de las personas y la creación de oportunidades para que las ejerciten libremente. Los pobres no son pobres porque estén explotados sino porque están excluidos. Así pues, emprendimiento e inclusión sería la clave para avanzar hacia la prosperidad y la justicia. Todo ello dependería, sin embargo, de forma crítica, de la estabilidad política que lográsemos alcanzar.

6. LA GOBERNABILIDAD EN NUESTRO PAÍS SÓLO ES POSIBLE SI RECONSTRUIMOS NUESTRA COMUNIDAD POLÍTICA

Cuando Bolívar, al final de sus días, pedía la unidad no se refería a la unidad de unos venezolanos para enfrentar a otros venezolanos. Aludía, por el contrario, al cese del espíritu partidista. Cosa que para una época en la cual no existían las organizaciones partidistas, significaba espíritu de facción. Es sorprendente entonces que el régimen chavista haya podido apropiarse discursivamente de esa consigna bolivariana cuando él representa exactamente lo opuesto a lo que el Libertador solicitaba a sus compatriotas.

De cualquier modo, un reto fundamental que los venezolanos tenemos por delante es la reconstrucción de nuestra comunidad política. No es posible que una sociedad prospere, en paz y con justicia, si no existe esa comunidad entre connacionales. Ella es incompatible con el radicalismo de cualquier signo. Y también con el militarismo, desde luego. Por ello, el modelo chavista, en la medida en que, hasta ahora, ha descalificado a sus adversarios, concibiéndolos como enemigos de clase y apátridas que deben ser derrotados y echados para siempre del poder, es incompatible con una democracia genuina.

¿Hasta qué punto ese discurso disolvente de la convivencia ha penetrado el imaginario social? Es difícil saberlo. Pero, ciertamente, la identidad colectiva que el régimen chavista ha promovido entre una parte de los sectores populares es hoy una realidad y podría constituirse, de no ser debidamente considerada en el proceso político, en una amenaza a la integración social.

¿Qué plantea todo esto para nuestra sociedad? Al menos, dos cosas. Primero, que la tensión entre sectores sociales debe ser procesada, si se quiere evitar una indeseable escalada de violencia, por todos quienes ejerzan funciones de liderazgo político, social y económico. Segundo, que la reconstrucción de la comunidad política, independientemente de quién resulte próximamente electo, pasa por el surgimiento de una corriente moderada dentro del chavismo; una corriente que, manteniendo sus ideales, reconozca como interlocutores a los sectores opositores.

Nos atrevemos a afirmar, en tal sentido, que el futuro de la gobernabilidad democrática se definirá, en buena parte, al interior del chavismo. El problema es que los incentivos para que esa corriente moderada emerja son hoy débiles. El miedo a ser tildados de traidores y de convertirse en víctimas de una persecución política implacable, resultan poderosos factores disuasivos para que grupos chavistas se acerquen a grupos opositores.

A pesar de ello, no es descartable que, ante el previsible agravamiento de la situación económica y social, las cosas cambien. Nos corresponde entonces a los opositores, en nuestra incansable lucha por nuestros ideales, no perder de vista la tarea de reconstrucción de la comunidad política. Para ello debemos convocar, una y otra vez, al diálogo y al entendimiento. En cualquier espacio a nuestro alcance. Tal vez, en algún momento, ocurra lo que tanto requerimos y algún sector chavista se muestre receptivo. En ese momento, estoy seguro, nuestra democracia comenzará su renacimiento.

CONVENCER, RESISTIR, PARTICIPAR: PLAN MÍNIMO PARA LA OPOSICIÓN

Ideas de Babel | 11.10.2012

Luego del comprensible desconcierto ocasionado por los resultados del 7-O, los demócratas opositores debemos, nuevamente, erguirnos y continuar nuestra marcha hacia el país al que aspiramos y que no llegará por sí sólo. No es poca cosa contar hoy con un liderazgo renovado, con una propuesta de país, con una instancia de coordinación política. Lo que tal vez estemos necesitando sea un plan mínimo para la acción opositora. Un plan que involucre tanto a partidos como a organizaciones civiles y ciudadanos en general. En tal sentido, pensamos que tres tareas colectivas se nos plantean: convencer, resistir, participar.

1. CONVENCER

Debemos, ante todo, contar con una adecuada comprensión de lo sucedido en estas elecciones. Sin desmerecer las explicaciones que enfatizan el enorme obstáculo que significa un régimen abusivo o el fenómeno político que representa el liderazgo de Chávez, el problema que queremos destacar es otro. Como sociedad estamos en un punto de bifurcación. Dos visiones del país se hallan enfrentadas, desde hace algún tiempo, en el plano de las ideas y de las prácticas sociales. Una de ellas, basada en el estatismo y en el reparto de la renta petrolera, ha sido profundizada por el régimen socialista para dar forma a un vasto sistema clientelar que involucra hoy a millones de nuestros compatriotas. La otra nos proyecta por un camino de emprendimiento, progreso e inclusión social, camino que otros millones de venezolanos quisiéramos transitar. Los resultados electorales reflejan, *aproximadamente*, esa escisión social entre esas dos visiones del país. Destacamos el término «aproximadamente» porque sería exagerado, desde luego, suponer que todo opositor comparte la visión del progreso y todo chavista la socialista.

De cualquier modo, se trata de una situación compleja e inestable. Estamos convencidos que no hay otra respuesta duradera a ella, en democracia, sino el logro de la supremacía, en el plano de la mentalidad colectiva, de alguna de tales visiones. Una aproximación superficial al tema sugeriría que sería la visión socialista, promovida desde el poder del Estado, la que terminará imponiéndose. Basta un poco de reflexión, sin embargo, para entender que esa visión está condenada a ser refutada por una realidad de problemas no solucionables –y, de hecho, en muchos casos causados– por el socialismo. La visión de una sociedad productiva y solidaria, en cambio, tiene la virtud de representar la senda no explorada, la promesa del cambio, un futuro mejor. En la medida en que, inevitable y desgraciadamente, nuestras dificultades se agraven, la capacidad de seducción de esa visión alternativa continuará creciendo. Por ello, *convencer* a la mayoría de los venezolanos– y en particular a los más necesitados– sobre las reales ventajas del camino del progreso es una tarea que debe mantenerse y profundizarse.

Para cumplir con esa tarea el liderazgo opositor podría crear, por ejemplo, un *Gabinete Alterno,* capaz no sólo de hacer seguimiento crítico a la gestión del gobierno socialista sino, principalmente, de presentar la forma alternativa y superior de hacer las cosas. Por otra parte, no es difícil imaginar a miles de venezolanos integrados a un *Programa de Diálogo Social* en todas las regiones del país, pues las diferencias entre los sectores portadores de las visiones que comentamos no son expresión –tal como el radicalismo revolucionario quisiera– de una supuesta polarización entre clases sociales antagónicas.

2. RESISTIR

Es, precisamente, ese radicalismo revolucionario al que aludimos el que nos impondrá la segunda tarea colectiva: *resistir*. Chávez intentará, tal como lo ha anunciado en innumerables ocasiones, hacer irreversible su revolución socialista. Con sentido militar aprovechará esta victoria para entrar hasta el fondo de nuestra retaguardia y evitar nuestro reagrupamiento. Arteramente, sembrará la desconfianza entre grupos opositores, tal como hoy lo hace a propósito del supuesto fraude en las elecciones del 7-O. Son previsibles, en este mismo sentido, denuncias y ataques contra líderes opositores. Se nos viene encima, además, un Estado Comunal. Inmenso, corrupto, ineficiente. Son esperables entonces nuevas expropiaciones y acosos contra empresas, bancos, clínicas, medios de comunicación. De igual modo, gobernaciones y alcaldías continuarán siendo debilitadas por una estrategia orientada a fortalecer a las comunas y a los consejos comunales.

Enfrentar tal arremetida revolucionaria será, desde luego, un desafío gigantesco. Para ello, deberemos organizar nuestras denuncias y crear mecanismos de solidaridad entre las víctimas del llamado socialismo del siglo XXI. Lo esencial, en cualquier caso, será la capacidad para articular la protesta social en algo como un *Frente Unitario para la Resistencia Ciudadana*. Le corresponderá al liderazgo político, trascendiendo las disputas electorales, ponerse al frente de esa resistencia civil ante el poder desbocado de un régimen decidido a imponer su proyecto socialista.

3. PARTICIPAR.

La tercera tarea que los opositores debemos asumir es *participar*. Ya va siendo hora de superar la desconfianza entre ciudadanos y partidos. Tal vez luzca un tanto ingenuo, pero sería algo de trascendencia histórica que miles de ciudadanos decidiesen integrarse a los partidos políticos, entendiendo que tales organizaciones son imprescindibles para la creación de una auténtica democracia. Mucho ayudaría, desde luego, que los partidos iniciasen un proceso de reinvención para colocarse a la altura de los tiempos. Todo ello contribuiría, sin duda, a elevar nuestra capacidad para organizarnos y movilizarnos en las próximas coyunturas electorales y poder así hacer frente al Estado-partido revolucionario. En ese sentido, las próximas elecciones regionales y locales serían una magnífica oportunidad que podríamos aprovechar inteligentemente.

En el marco de la tarea de participar, resulta también fundamental facultar a la ciudadanía en la complejidad de los temas públicos. Sería interesante que los partidos y organizaciones civiles adelantasen, desde ya, *Programas de formación política para ciudadanos*. La mejor comprensión de los procesos políticos nos servirá para minimizar querellas estériles que, en ocasiones, nos confunden y dividen.

Finalizo estas notas refiriéndome a un asunto de orden práctico. El éxito en el cumplimiento de las tres tareas descritas dependerá, en grado significativo, de la existencia de los recursos financieros necesarios. Una manera deseable de responder a este problema –que ya ha sido presentada en diversas oportunidades– sería la creación de un *Fondo Ciudadano para la Democracia*. Dicho Fondo se nutriría de los aportes voluntarios de los ciudadanos a las organizaciones sociales y políticas que ejecuten acciones en el marco del Plan Mínimo que esbozamos. No es este, por supuesto, el lugar para ofrecer detalles sobre el funcionamiento de este mecanismo, aunque sí cabe destacar que el mismo debería contar, en todo caso, con algún sistema transparente de rendición de cuentas que inspire suficiente confianza entre la ciudadanía. Sería un gran logro, sin duda, que los partidos y los ciudadanos desarrollasen canales de comunicación y cooperación que nos ayudasen a superar definitivamente la antipolítica que tantas dificultades nos ha causado desde hace ya demasiado tiempo.

MUCHO MÁS QUE UN LOGO

Ideas de Babel | 09.06.2007

1.

La palma de una mano pintada de blanco es mucho más que un logo. Es, ante todo, un símbolo de individualidad. Esa palma es expresión de la condición singular e irrepetible de cada uno de nosotros. Al usarla como imagen sintetiza, de manera sencilla pero poderosa, todo aquello que hace a cada uno valioso y merecedor de respeto. Con ella cada uno dice: «¡Aquí estoy! ¡Esta es mi marca!». Y algo esencial ocurre cuando dos semejantes realizan el mismo gesto, enseñándose mutuamente sus palmas. En ese momento entran, con mayor o menor consciencia, en una dinámica de reconocimiento mutuo. En ese intercambio de imágenes se recuerdan su común condición de individuos humanos. Así, cada uno, al querer ser reconocido por el otro, inevitablemente debe reconocerlo. El mensaje que emerge en ese diálogo sin palabras afirma que cada uno es distinto del otro –y únicos– pero, al mismo tiempo, ambos son iguales. Tal reconocimiento es la base fundamental del gran proyecto ético de nuestra era: la invención de los derechos y de los deberes humanos; derechos y deberes que son, ante todo, de la persona pero que solo pueden ser garantizados socialmente. La libertad individual, ha dicho alguien, es la más sublime creación colectiva.

2.

La palma de la mano es también símbolo de paz. Cuando
enseño mi mano abierta quiero comunicar que nada escondo. Digo que no tengo armas ocultas. Con mi palma saludo: recibo y despido en paz al otro. No lo amenazo con un
puño o algún gesto agresivo. No hago signos ofensivos. Simplemente le enseño mi mano. Y cuando muchos enseñamos
nuestras manos manifestamos nuestro deseo de convivencia pacífica, nuestra intención de entrar desarmados en un
proceso de comprensión y diálogo. Expresamos así nuestro
talante democrático, nuestra apertura mental y espiritual,
nuestro apego a la vida. ¡Que diferente a golpear con el puño
de mi mano la palma de la otra!... Gesto que anticipa enfrentamiento, conflicto y, en el extremo, muerte. Nuestras
palmas desnudas prefiguran, en cambio, el entendimiento
humanizador.

3.

Pero la palma de mi mano significa también un límite. Es un
llamado al otro para que no traspase la frontera de mi dignidad. Es, en un sentido amplio, una advertencia para todo
aquel que intente usar su poder para imponerme su voluntad. Con mi mano le digo a ese otro –sea persona, organización o gobierno– que no tiene derecho alguno para limitar mi
libertad, para negar mi humanidad. Esta es la base de toda
rebeldía. Ser rebelde es luchar contra el poder y no intentar
tomarlo para transformarlo, como los revolucionarios creen
poder hacer. Ser rebelde es defender la dignidad de la persona de carne y hueso –empezando por la de uno mismo– y
no la de la humanidad en abstracto. La rebeldía surge, casi

siempre de manera inesperada, cuando se abre una brecha entre los valores humanos más profundos y los de un régimen que se dirige «a paso de vencedores» –o a cualquier otro ritmo– hacia un lugar diferente. Mi mano dice entonces al otro, al poderoso o al que intenta serlo: «¡Alto! ¡Ya basta!».

4.

Por último, una mano con su palma blanqueada apela simbólicamente a la pureza. En nuestro contexto eso significa, fundamentalmente, apostar al rescate de la ética en los asuntos públicos. Son muchos los que se han resignado a la idea de que la política –entendida en su sentido amplio y no solo como actividad partidista– conduce necesariamente a conductas inmorales. Así, de acuerdo con esa perspectiva, la mentira, el engaño, la manipulación o la corrupción serían rasgos inseparables de la política y de los políticos. Esta convicción ha hecho que muchas personas de espíritu puro –especialmente muchos jóvenes– hayan evitado involucrarse en los temas públicos. El resultado práctico de esta convicción es un lamentable círculo vicioso: las personas con menos escrúpulos han encontrado en la actividad política un espacio abierto para su degradante conducta, conducta que ratifica el juicio que de dicha actividad hacen las personas que se inhiben de participar en ella. La mano blanqueada es símbolo de quienes pensamos de otra manera y no asumimos, de manera fatalista, que la política solo puede sacar lo peor de nosotros. Al contrario, la política puede –y debe– ser una de las actividades humanas más nobles. A fin de cuentas ¿no es una actividad enaltecedora de lo humano el dedicar la vida a cuidar del bienestar común? La política sólo será redimida si nos convencemos de que ella es compatible con la verdad, la honestidad, la sinceridad, la honradez. Sólo así ocurrirá que muchas personas decentes, con nuestras manos blanqueadas, corramos el riesgo de participar en la esfera de lo público.

En definitiva, la huella que deja una mano pintada de blanco resume la visión de un mundo deseable. Un mundo sin exclusiones, en el cual toda persona sea reconocida en su dignidad, en el que estemos dispuestos a convivir pacíficamente, en el cual nadie posea el poder para dominar a nadie, en el que la decencia ciudadana sea la norma. Esta es la utopía de una sociedad de verdaderos ciudadanos, de una nación de hombres y mujeres con oportunidades para elegir, de un pueblo libre. La huella que deja una mano pintada de blanco es, sin duda alguna, mucho más que un logo.

2. MODO TRANSFORMACIÓN: EN BUSCA DEL CENTRO POLÍTICO

«LA DIGNIDAD DE LAS PERSONAS ES EL CENTRO DE LA ECONOMÍA»
CONVERSACIÓN CON HUGO PRIETO

Prodavinci | 13.02.2022

Acaba de publicarse, con el apoyo de la Fundación Konrad Adenauer, el libro *Dignidad y desarrollo (breve tratado sobre ordoliberalismo y economía social de mercado)*. Su autor es el economista Roberto Casanova. No se trata de un análisis del caso venezolano, sino de una caja de herramientas para cambiar la realidad histórica en sociedades desiguales y disfuncionales como las de América Latina. No hay, en sus páginas, una secuencia de variables, como el ahorro, la inversión y el consumo, para explicar los comportamientos económicos. Aquí hay otros conceptos, filosóficos, morales, éticos, sin los cuales no habría comprensión de la era en la que vivimos. Hay, además, una valoración importantísima del papel que juega la historia. A veces despreciada o ignorada, lo que viene a ser lo mismo.

Me propuse destacar el reflejo que en las páginas del libro encontré del país, de sus dificultades y de los modelos que –sin acierto, pero sin pausa– se han aplicado erróneamente en la contemporaneidad venezolana.

Comencemos por esta definición: «La persona es el centro de atención con su dignidad inalterable, derechos y obligaciones. Ese es el punto de partida para la justicia social, la libertad y la solidaridad». ¿No es una definición más propia de la filosofía que de la economía?

Es verdad, yo soy economista de formación básica, pero durante muchos años me he movido entre varias fronteras del pensamiento. Tengo algo de filósofo, de historiador, de político. Creo, además, que la comprensión de la economía no es un tema exclusivo para economistas. Ha sido un error que hemos arrastrado históricamente, y lo digo porque la realidad no es separable, como se separan las disciplinas. En el proceso económico es fundamental el abordaje multidisciplinario. La economía, desde luego, es la ciencia base, pero también tienes que nutrirte de lo que diga la filosofía, el derecho y, sobre todo, la historia, entre otras cosas, porque los procesos de la economía –como todos los procesos sociales– son históricos.

Lo ideal sería que los distintos grupos que componen la sociedad, –con sus intereses y propósitos– lleguen a un acuerdo en función del bien común. Pero cuando uno escucha la palabra confianza, la asocia a las garantías a la propiedad, el marco institucional adecuado y la libre competencia, valga decir: los intereses del empresariado que genera riqueza. ¿No se trata de una visión excluyente?

Debo hacer una precisión que a mí me parece importante. Cuando yo hablo de convenio social –así como de comunidad moral–, ambos conceptos los estoy utilizando como herramientas analíticas para explicar, básicamente, cómo un conjunto de valores, que incluyen la dignidad y que se expresan en el respeto a la propiedad o la solidaridad, por ejemplo, le darían forma a una sociedad deseable. No estoy diciendo

*que el convenio social o la comunidad moral existan,
necesariamente, en la realidad. Ahora, otra cosa es
pensar en una estrategia de desarrollo, basada en
esos valores, que conjugue la enorme complejidad de
intereses que hay en cualquier sociedad, no solo de la
venezolana: intereses contrapuestos –inevitablemente– los hay entre el mundo laboral y el mundo empresarial, entre los industriales y los comerciantes y entre
los diversos grupos, incluso, los minoritarios. ¿Cómo
articularlos? Una posible respuesta es conseguir un
acuerdo moral mínimo y para eso sirven las nociones
que mencioné anteriormente (el convenio social y la
comunidad moral). Yo creo que una estrategia de desarrollo para Venezuela tiene que estar vinculada a una
visión política muy clara, donde al final no todos van
a ganar. Sería ingenuo pensar que todos nos vamos a
poner de acuerdo. En una Venezuela que se desarrolle, por ejemplo, no todas las conductas actuales tienen
cabida. Una de ellas es la captura de rentas, que ha
sido la conducta de muchos empresarios, sectores sindicales y grupos de interés: acercarse a los centros de
decisión estatal para percibir los beneficios de la renta
petrolera, más que a ser productivos, a exportar, a
competir. Esa conducta (la captura de renta) no cabe
en una estrategia de desarrollo. Eso, por supuesto,
va a tener dolientes. Por eso digo que no podemos ser
ingenuos en esto.*

Insisto, ¿por qué otros grupos sociales habrían de acompa-
ñar al sector empresarial en esa demanda, en esa noción, digamos, que tienen de la confianza?

La noción de orden (vinculada al ordoliberalismo, de ahí viene el término) tiene que ver con la existencia de reglas. Estamos hablando de ordenamiento institucional. Hablamos de arreglos que no están sujetos a la discrecionalidad. Son reglas que se cumplen y que se hacen cumplir. Una sociedad donde no existe la institucionalidad (es el caso de la Venezuela actual), donde las reglas pueden ser alteradas de un día para otro, obviamente, es una sociedad donde no existe la confianza para invertir, para producir... para nada, porque estás sujeto a la arbitrariedad, a la discrecionalidad, de quien tiene el poder. Cuando hablamos de ordoliberalismo, nos referimos a una propuesta de ordenamiento institucional, a unas reglas comunes para todos, donde la concepción de unos no tiene por qué coincidir con la de otros. No, porque de ser así no estaríamos hablando de la diversidad humana. Estaríamos hablando de ángeles que no existen. Somos diversos, somos distintos, lo que requerimos son reglas.

Ese argumento, tal como lo plantea, no lo he visto ni en la agenda política ni en la agenda empresarial.

Es posible. No me atrevo a afirmarlo con certeza. El ordoliberalismo es prácticamente desconocido en Venezuela y en América Latina. Quizás lo más conocido es su expresión práctica: la llamada economía social de mercado. Pero la aproximación ordoliberal no es muy propia de este continente. Entonces, sí puede ser una contribución para enriquecer el debate público.

Aquí estamos hablando de todo, menos de economía.

Porque la economía tiene que ver con todo. ¿Sabes lo que decía un pensador ordoliberal? «El que solo sabe de economía ni de economía sabe».

Otro punto de su libro. «Una cosa sería la solidaridad tribal en el seno de un grupo y otra muy distinta el deseo de ayudar al prójimo, deseo asociado a una necesidad de autorrealización». Diría que el componente político de la solidaridad está implícito en ese planteamiento.

Cuando el ordoliberalismo adopta a la dignidad como el valor central, como propuesta moral, lo hace porque está tratando de reflejar lo que es un consenso ético que hemos construido en nuestra civilización occidental, muy influida por el cristianismo, pero también por la visión romana, griega. Moralmente puedes tener un decantado de todo eso que es la noción de dignidad (el respeto al otro, independientemente de lo que piense o de lo que haya hecho, y también, obviamente, el respeto a uno mismo). La dignidad se expresa tanto en el respeto hacia el otro como en la acción solidaria. No puedo decir que soy respetuoso de la dignidad si estoy viendo a otro ser humano, literalmente, comiendo de la basura como ocurre en Venezuela. La dignidad, como concepto general, integra a la libertad individual y a la solidaridad. Una cosa que ha marcado el debate político e ideológico es que al parecer una corriente del pensamiento (el liberalismo) se apropió de la libertad y otra corriente (el socialismo) se apropió de la

*solidaridad. La economía social de mercado y el ordo-
liberalismo ven allí un terrible error. Si integras ambas
cosas, en un concepto más general (la dignidad), ahí
tienes un valor central.*

No puedo pasar por alto una afirmación que resulta contro-
versial, cita usted a Ricardo Hausmann: «La economía podría avanzar sustancialmente si relajara una de sus hipótesis más preciadas: el individualismo metodológico o la idea
de que cualquier explicación necesita estar relacionada con
individuos que toman decisiones sensatas». ¿Por ahí no llegamos a la lectura de *Alicia en el país de las maravillas*?

*El tema del individualismo metodológico no tiene que
ver con eso, tiene que ver con otra cosa.*

¿Quizás con la simplificación que hacen los economistas de
la realidad y de la historia?

*Toda ciencia tiene que simplificar. Ninguna ciencia
puede entender el mundo en su enorme complejidad,
atendiendo a todos los hechos. Explicar algo es identificar cuál es el mecanismo causal más importante. No
es algo nuevo ni en ninguna ciencia ni en economía.
Identificar ese mecanismo te permite explicar por
qué pasaron las cosas de una manera y no de otra.
Entonces, el economista simplifica como lo hace
cualquier científico. Simplifica el físico, el biólogo. Es
la única manera de explicar la realidad. Ahora, en ese
proceso de simplificación, los economistas han usado
lo que a mi juicio es un término infeliz: el individualismo metodológico. Individualismo no tiene nada que*

ver con consideraciones morales o egoísmo. Tiene que ver con que toda explicación de los hechos sociales pasa por el individuo. ¿Por qué? Porque es el individuo el que manifiesta preferencias y toma decisiones.

¿Se trata de una mera diferencia metodológica?

Frente a esa aproximación, digamos, que pone énfasis en el comportamiento de los individuos para explicar los hechos sociales, hay otra visión que intenta usar lo que en economía se conoce como agregados. Es decir, variables, que explican, por ejemplo, el crecimiento económico con base en el ahorro o la inversión. Y los individuos no están, necesariamente, reflejados allí. Eso es colectivismo metodológico. La diferencia con Hausmann es que él está diciendo (en un artículo de prensa), aunque no lo afirma totalmente, que quizás tenemos que relajar la búsqueda de explicaciones basadas en el individuo y pasar a la búsqueda de explicaciones basadas en variables. Mi crítica a esa visión es que deja por fuera algo esencial de la ciencia económica, que sería lo que es entender las conductas fundamentales.

Quizás el periodismo pueda hacer una contribución, porque si algo hacen los periodistas es simplificar. Cuando el expresidente Carlos Salinas de Gortari presentó su programa económico (en sintonía con las pautas del Consenso de Washington), Carlos Monsiváis, el cronista más agudo del México contemporáneo, dijo: «Muy bueno, pero le sobran 80 millones de mexicanos». Lo digo porque, cuando leí su libro, me acordé claramente de esa ironía.

*La simplificación a la que yo me refiero es la que
usamos a la hora de crear interpretaciones o explicaciones de una realidad muy concreta. Diría que lo
ocurrido en México refleja una incomprensión de cuál
era la realidad de ese país, que no podía modificarse
a partir de un programa como ese, construido
en abstracto. El asunto radica en que se eligió un
modelo, como si fuese el único, y se decidió aplicarlo a
rajatabla, con todas las implicaciones que eso conlleva.*

¿No hemos despreciado la historia en América Latina?

*Absolutamente. Cito a un economista muy famoso
(Joseph A. Schumpeter). Él decía que, si tuviera que
estudiar de nuevo, estudiaría historia. Entender y
manejar los hechos históricos es la base, el fundamento, de las ciencias sociales. Pensar que nada más
creando los modelos económicos o sociológicos vamos
a entender la realidad es equivocarse. Los modelos
están al servicio de la explicación y ellas son siempre
históricas.*

¿Qué diría de las explicaciones que se hacen a partir de las
encuestas o de los grupos focales?

*Esas son herramientas y confundirlas con la explica-
ción es un gran error.*

¿Y confundir las herramientas con la política?

*Pasar de un modelo económico a su aplicación –como
política económica– es terrible. Es el caso mexicano que
acabas de citar.*

Habla usted de «los casos híbridos, en los cuales algunos
modelos están presentes en distintos grados». Interactúan
en distintas formas. Uno de esos casos sería la interacción
entre capitalismo de Estado y rentismo. ¿Se refiere a la IV
República?

> *Quizás, pero estás cometiendo un error, pasas del*
> *modelo, de la herramienta, directamente a la realidad.*
> *Y no puedo afirmar que se trata del caso venezolano,*
> *sin haberlo estudiado.*

Dice, además, como «un caso híbrido», que los modelos se
manifiestan en secuencias temporales. Una sería del socialismo al patrimonialismo. ¿No es esto lo que hemos visto durante la gestión del chavismo? De esto han hablado algunos
especialistas.

> *Sí, Margarita López Maya, por ejemplo.*

Y del caso anterior, Fernando Coronil en *El Estado mágico*.
Diría entonces que no estoy tan equivocado.

> *Yo tiendo a pensar como tú, pero el mío es un libro*
> *sobre doctrinas. No se refiere al caso venezolano.*

Hay una secuencia muy clara. Y es evidencia de que los gér-
menes del chavismo se habían incubado en la IV República.
Podemos hablar, incluso, de una continuidad histórica.

> *Estás haciendo uso de estos modelos, de estas herra-*
> *mientas, para hacer una posible conjetura sobre el caso*
> *venezolano. Probablemente, yo esté de acuerdo con*
> *ese planteamiento. Pero insisto, aquí (en el libro) estoy*

*presentando la caja de herramientas, no estoy expli-
cando la realidad venezolana. Este libro, repito, es una
caja de herramientas para el análisis filosófico, moral,
para el análisis político y científico.*

¿Qué diría si en su texto se refleja la realidad del país?

*Sí… ¿Cuál sería el objetivo último de la caja de herra-
mientas? Influir en la realidad. Tratar de modificarla
hacia algo que parezca deseable. Eso es lo que justifica
a una caja de herramientas. No es para tenerla simplemente, es para usarla. Tengo como reto escribir un libro
donde esta caja de herramientas sea aplicada al caso
venezolano específicamente.*

Dice usted que «la economía social de mercado supone el mutuo reforzamiento entre competencia y pluralismo. Esto es
la activación de un círculo virtuoso de desarrollo económico
y político». ¿China no es el mejor desmentido de esa asevera-
ción? China es una sociedad bajo estricto control del Estado,
pero tiene una economía boyante.

*Muchas veces se piensa que el crecimiento impresio-
nante que ha experimentado China, durante décadas,
basado en una economía de mercado, es una negación
de la idea de que hace falta un Estado de derecho, una
democracia, para crecer. China pareciera desmentir
eso. Pero lo que el ordoliberalismo plantea no es que tú
no puedas crecer en ausencia de un Estado de derecho.
China está creciendo y el derecho a la propiedad,
como lo concebimos en Occidente, no existe. Tú puedes
crecer con varios sistemas. El problema para el*

*ordoliberalismo surgiría si se demostrase que el respeto
al Estado de derecho es incompatible con el crecimiento. No es un juego de palabras. El punto ordoliberal
plantea que el Estado de derecho es compatible con
el crecimiento y eso es deseable, porque el Estado de
derecho es la garantía del respeto a la dignidad.*

¿Usted diría que a la dirigencia comunista de China no le interesa la dignidad de las personas?

*Yo creo que no. ¿Tal como la concebimos en Occidente?
No. Los chinos, actualmente, están masacrando a una
minoría (los uighures, una etnia musulmana) y no
tienen problema en hacerlo.*

Y desarrollan el big data como una herramienta de control social.

*Por ejemplo. No creo que sea una sociedad donde se
respete el Estado de derecho y, por tanto, la dignidad
de las personas.*

A la población venezolana, con el 94 por ciento de pobreza (estudio Encovi), el modelo chino le podría resultar atractivo. Total, aquí la dignidad de las personas importa poco o nada.

*Esa sería una posibilidad si estuviésemos ante un
régimen con ciertas capacidades, con cierta solvencia.
No es el caso. Este es un gobierno especialmente ineficiente, corrupto, incapaz. China, por ejemplo, le ha
dedicado muchos recursos a la formación de su capital
humano. Claramente es una inversión vinculada a la*

idea de que tú no puedes desarrollar la economía sin el conocimiento productivo de las personas. ¿Eso qué tiene que ver con un país como este, lleno de incapaces que han destruido la educación?

UN LIBERALISMO SOLIDARIO: LA ECONOMÍA SOCIAL DE MERCADO

Revista Ideas | 06.10. 2021

1.

Es frecuente que la economía social de mercado sea vista solo como un conjunto de propuestas de ordenamiento económico y social o, incluso, como una «receta» que, con algunas adaptaciones, podría ser implementada en diversas realidades nacionales. Ello, sin embargo, no refleja el alcance y significación del pensamiento que sustenta a la economía social de mercado. Esta última es, fundamentalmente, la expresión de un conjunto de ideas más amplio y profundo, es decir, de una doctrina económica y política. Tal doctrina es, a mi juicio, el llamado ordoliberalismo o, como prefiero llamarlo, liberalismo solidario.

Ser humano es ser sujeto cognoscente, sujeto moral y sujeto político. Por ello, una doctrina económica y política puede ser una eficaz «caja de herramientas», pues en ella se integran componentes teóricos, morales y políticos. Una doctrina nos permite, por una parte, sistematizar conocimiento histórico y científico sobre nuestros problemas y sus posibles soluciones y, por la otra, clarificar nuestros fines y nuestros valores colectivos. A partir de la integración de esas dos dimensiones, una cognitiva y otra moral, una doctrina nos puede servir para dar forma a estrategias políticas con pretensiones tanto de eficacia como de legitimidad.

2.

Para la economía social de mercado el valor central de una sociedad debe ser la dignidad, valor que sintetiza la tradición moral de Occidente. Una buena sociedad es aquella en la cual la coacción que unos podemos ejercer sobre otros, directamente o mediante organizaciones, instituciones o gobiernos, se halla reducida al mínimo. De tal modo, cada uno puede desarrollar sus capacidades y aprovechar las oportunidades para crear para sí y para quienes le preocupen, la vida que le parezca deseable vivir.

Ahora bien, ¿podemos honestamente afirmar que somos respetuosos de la dignidad de una persona que sufre privaciones solo por el hecho de que nadie la esté forzando a actuar en contra de su voluntad? ¿No es acaso la compasión otra manera de reconocer la dignidad del prójimo? Por ello, la economía social de mercado adopta también como valor fundamental la solidaridad. La solidaridad es lo contrario de la indiferencia o la indolencia hacia nuestros semejantes y nos conduce a la activa preocupación por su bienestar.

3.

El núcleo teórico ordoliberal sostiene que, en cualquier momento, las acciones humanas están condicionadas por diversas estructuras históricas. Estas estructuras son, a su vez, resultado de acciones individuales que les dieron forma, evolutivamente o mediante diseño deliberado.

Vale la pena referirse al tipo de análisis que, a partir de ese núcleo teórico, la economía social de mercado realiza, citando a un pensador ordoliberal alemán:

Así como se puede formar una gran variedad de palabras de diferente composición y longitud a partir de dos docenas de letras, de manera similar, una variedad casi ilimitada de sistemas económicos reales se puede componer a partir de un número limitado de formas puras básicas. Es tarea de la economía investigarlos lo más a fondo posible extrayendo sus características significativas. Estudiarlos a fondo es descubrir todos esos tipos ideales de formas económicas a partir de los cuales los sistemas económicos actuales y pasados han sido y están compuestos (Walter Eucken, 1950).

4.

Ilustremos lo anterior haciendo uno de la noción de institución. En el ámbito económico el respeto a los derechos de propiedad, una política social capacitadora o la promoción de la competencia, por ejemplo, serian instituciones «inclusivas», aplicables por igual a todos los ciudadanos. En ese mismo ámbito serían reglas «excluyentes» políticas proteccionistas, privilegios fiscales o la creación de monopolios, reglas que benefician a determinados grupos o sectores y perjudican, directa o indirectamente, al resto de los ciudadanos.

En el ámbito político, de modo equivalente, los derechos al voto, a la participación o a ser electos a cargos de representación pública serían instituciones «inclusivas», mientras el voto censitario, las limitaciones a la libertad de expresión o ciertas formas de cabildeo serían instituciones «excluyentes».

Para fines analíticos resulta interesante imaginar, a partir de la combinación de algunas de las instituciones presentadas, algunos órdenes económicos y políticos «puros»:

- Economía social de mercado: orden social caracterizado por instituciones inclusivas, como una democracia plural, la promoción activa de la competencia y una política social capacitadora.

- Rentismo (o «crony» capitalism): caracterizado por la mezcla de instituciones inclusivas y excluyentes, siendo estas últimas producto de alianzas, muchas veces inconfesables, entre el poder político y el poder económico.

- «Liberalismo» autoritario: caracterizado por el ejercicio autoritario del poder político (por eso se entrecomilla el término liberalismo) y la existencia de una economía de libre mercado, arreglo que puede conducir también a la connivencia entre poder político y poder económico.

- Patrimonialismo: caracterizado por la concentración del poder político y el poder económico en una misma clase social, la cual usa los recursos públicos fundamentalmente en su propio beneficio.

Se trata, insisto, de ejemplos de modelos «puros» que intentan identificar ciertos mecanismos causales. No describen a ninguna sociedad específica. Son instrumentos analíticos que pueden o no resultar útiles para, por una parte, explicar una realidad concreta, en la medida en que los supuestos en que tales modelos se basan estén presentes o no en dicha realidad, y, por la otra, servir de guía en la tarea colectiva de transformar una sociedad hacia una dirección determinada.

En un texto ya clásico, Brennan y Buchanan (1987) sostuvieron que:

> *Si las reglas influyen en los resultados y si algunos resultados son «mejores» que otros, se sigue que en la medida en que las reglas pueden ser elegidas, el estudio y análisis de reglas e instituciones comparativas se convierte en el objeto propio de nuestra reflexión. Sin comprender cómo los individuos que construyen un orden social actúan entre sí, y cómo los diferentes conjuntos de reglas afectan a estas interacciones, a los participantes les resulta imposible hacer cambios pensados y meditados en las reglas existentes o incluso comportarse prudentemente con respecto a la preservación de aquellas reglas que han probado ser aceptablemente eficientes en el funcionamiento de la sociedad como tal.*

De acuerdo con lo dicho, el liberalismo solidario es, en tanto ciencia, economía política. Pero es también, como hemos visto, una propuesta ética arraigada profundamente en nuestra tradición civilizatoria. Es, en definitiva, una doctrina política y económica. Una que vale la pena comprender.

REFERENCIAS:

Eucken, Walter (1950). *The foundations of economics: history and theory in the analysis of economic reality.* Springer-Verlag Berlin.

Brennan, Geoffrey y James Buchanan (1987). *La razón de las normas: Economía política constitucional.* Madrid, España: Unión Editorial.

LIBERARNOS Y TRANSFORMARNOS [19]
UN EJEMPLO DE DISCURSO POLÍTICO

09.2020

«Vivimos los que, sin duda, son nuestros peores tiempos. Paradójicamente, vivimos también los que podrían ser nuestros mejores tiempos. Todo depende de nosotros.

Nuestra situación se parece a la de un país que sufre una guerra, sin estar realmente en ella. Somos bombardeados criminalmente por un régimen que quiere obligarnos a vivir sometidos. Es un bombardeo diario, inclemente. Lo más doloroso es la fractura de nuestras familias y la separación de nuestros amigos. Lo más importante en la vida, compartir con los nuestros, lo hemos perdido. Pero si, reconociendo esta terrible realidad, ponemos por un momento nuestra atención en las oportunidades que se están gestando y en las fortalezas que hemos ido adquiriendo podemos concluir que en estos duros tiempos nos hemos curtido

[19] Este es un texto hasta ahora inédito. Es uno de los resultados de un proyecto de investigación adelantado por la asociación civil Liderazgo y Visión, como una contribución al Plan País. Se trata de un hipotético discurso político. El texto, presentado aquí en forma resumida y con cambios menores, refleja hallazgos derivados de un estudio de opinión pública y de varios grupos focales. Su redacción estuvo a cargo del autor de este libro, con la contribución de Alonso Domínguez, Gerver Torres y Felipe Benítes.

para vivir la más increíble liberación transformadora de nuestra historia. El presente es el final de la revolución, una época de errores, de soberbia, de corrupción. La revolución ha sido como un río que arrasa con todo. Pero cuando pase, como habrá de pasar, tendremos la posibilidad de cosechar los frutos de lo que hemos venido sembrando en medio de tantas dificultades.

Más, ¡cuidado!, no debemos pensar al país como algo que está fuera de nosotros. Venezuela somos, ante todo, nosotros, su gente, los venezolanos, donde quiera que estemos. Por eso, estos tiempos nos exigen también tomar consciencia de cómo lo mejor y lo peor de nosotros, de cada uno de nosotros, nos condujo a este presente y nos está ayudando o no a salir de él. La lucha que damos en contra de la dictadura y a favor de nuestra transformación nacional es también una lucha interna.

Vivir asediados por las dificultades y por la incertidumbre, acosados por controles y regulaciones, hace que, a veces, solo podamos pensar en cómo sobrevivir de cualquier manera. En tales ocasiones muchos acaban subordinándose ante quien nos oprime. Otros, dándoselas de «vivos», buscan la forma de aprovecharse de las distorsiones causadas por el régimen. Pero también ocurre que, dentro de muchos de nosotros, la parte más íntegra y responsable no se resigna. Entonces protestamos con coraje ante la injusticia y la humillación, nos movilizamos y participamos, seguimos haciendo nuestro mejor esfuerzo como trabajadores y emprendedores honestos, cuidamos de los nuestros, somos solidarios.

En este momento de nuestra historia tenemos planteado entonces un desafío doble. Tenemos que liberarnos de la tiranía para poder transformarnos en un mejor país. Y tenemos que liberarnos de nuestras peores actitudes, ideas y sentimientos, para transformarnos en los mejores venezolanos que podamos ser. Nuestra liberación debe ser pues doble, social y personal, como también lo debe ser nuestra transformación.

Ahora bien, nuestra transformación como sociedad supone conocer, ante todo, qué es lo que queremos transformar. Para eso tenemos que volver la vista atrás para comprender el camino que hemos seguido. Sin consciencia histórica no tendremos nunca una auténtica consciencia de lo que queremos y podemos ser.

En nuestra historia, como en la historia de toda sociedad, podemos encontrar la tensión constante entre las fuerzas que nos liberan y las fuerzas que nos oprimen. Entre las fuerzas que nos permiten emprender y progresar y las fuerzas que nos mantienen en el atraso. Cuando las fuerzas liberadoras superan, de manera sostenida en el tiempo, a las fuerzas represoras las personas podemos dedicarnos a desarrollar nuestro potencial para generar riqueza y cultura. El desarrollo puede ser visto entonces como la permanente ampliación de la libertad creadora del hombre.

Han sido y son fuerzas liberadoras de nuestro potencial humano: las incontables luchas por la libertad y la inclusión que han sostenido individuos y grupos a lo largo de nuestra historia; el reconocimiento del otro; las nociones de ciudadano y de derechos humanos; el Estado de derecho, la separación de poderes y su descentralización; el rechazo a la violencia como formas de resolver nuestras diferencias; la derrota del miedo de los ciudadanos ante el poder; el ejercicio de la soberanía popular y el pluralismo; la participación en los asuntos públicos; la competencia en mercados libres y el espíritu emprendedor; la disposición a cooperar, a confiar y a ser confiables; el trabajo digno y la productividad; la inacabable tarea de educarnos; el cumplimiento de nuestros deberes y la decencia; la solidaridad y la responsabilidad social; la conciencia ecológica; el orgullo nacional y el aprendizaje de experiencias foráneas; el ejemplo de los grandes venezolanos de todas las épocas; la esperanza.

Han sido y son fuerzas opresoras de nuestro potencial humano: la pobreza y la exclusión social; la creencia de ser una sociedad rica sólo por contar con recursos naturales abundantes; el esperar del Estado la solución de todos nuestros problemas; el intervencionismo estatal; la usurpación de la soberanía ciudadana; la concentración del poder en todas sus formas; la actitud servil ante quien ejerce el poder; la idolatría al caudillo de turno; el dogmatismo ideológico; el sectarismo y la discriminación; las instituciones puestas al servicio de intereses particulares; la corrupción y el burocratismo; el rentismo y el clientelismo; la frivolidad para comprender nuestra historia; la tendencia a romper una y otra vez con el pasado y la incapacidad para integrar nuestras experiencias; la dificultad para identificarnos con todas nuestras tradiciones: la indígena, la negra, la española, la europea; el irrespeto a la dignidad y a los derechos de los otros; la práctica de la demagogia que desprecia al pueblo; la incitación al odio y a la lucha de clases; el miedo a la libertad de pensamiento; la irresponsabilidad y el abuso; la estatización de lo comunitario; la subordinación de nuestros intereses nacionales a intereses foráneos; la imitación sin aprendizaje; la desesperanza.

Desde esa perspectiva, el balance de la democracia venezolana, entre 1958 y 1998, es muy positivo en muchos sentidos. Es cierto que continuábamos siendo una sociedad rentista, como lo comenzamos a ser desde la tercera década del siglo XX. Dependíamos en exceso del gobierno y del petróleo. Pero durante las primeras décadas democráticas nuestros avances fueron significativos en materia de urbanización, crecimiento, educación o infraestructura. PDVSA era una de las principales empresas del mundo. Íconos de esa época como la represa de Guri, el teatro Teresa Carreño, los hospitales más importantes del país o las autopistas, admirados por otros países y construidos con visión de permanencia, siguen allí, a pesar de la desidia, la incapacidad y el robo que caracterizan al chavismo. Ya a comienzos de los ochenta, sin embargo, el modelo de desarrollo que veníamos siguiendo empezó a mostrar sus límites y el país entró en una crisis cada vez más compleja. Pero seamos honestos: aunque teníamos problemas, éstos ni remotamente se comparan con los que hoy sufrimos. Además, contábamos con las instituciones mínimas para resolver civilizadamente nuestras normales diferencias: elecciones limpias y voto libre. No debemos olvidar que Pérez tuvo que abandonar la presidencia para ser juzgado y luego condenado. Ni tampoco que Chávez, autor principal del sangriento golpe que intentó derrocar a Pérez, llegó al poder por la vía electoral.

Hace más de 20 años la mayoría de los venezolanos deseaba un cambio. Una parte de esa mayoría lo vio posible y decidió darle a un solo hombre el poder, todo el poder. Es cierto que Chávez pudo, mientras los precios del petróleo fueron altos, destinar más recursos públicos hacia los sectores populares. Pero también es verdad que, al mismo tiempo, permitió que comenzaran a formarse redes corruptas, de civiles y militares. En algún momento, Chávez, con sus aliados cubanos, decidió que la revolución era socialista. El gobierno se dedicó a controlar cada vez más áreas de nuestras vidas y se convirtió en dictadura, enemistándose con medio mundo. El conflicto se hizo inevitable pues buena parte del país, que solo deseaba libertad, justicia y progreso, comenzó a resistir esa pretensión. A pesar de ello, unos cuantos hablan todavía de las buenas intenciones del comandante. Pero «obras son amores, no buenas razones». Chávez habló mucho, demasiado, pero su obra nos sigue hablando más claro y fuerte que él: nos dice que su legado fue la destrucción de nuestra economía y de nuestra democracia. Maduro solo continúa esa tarea.

La caída de los ingresos petroleros, sumada a la corrupción y la incapacidad de quienes ejercen el poder, arrastraron a la economía a una larga y profunda crisis que hoy es mundialmente calificada como humanitaria. El dictador actual, fiel a al legado chavista, pero sin recursos ni carisma, se ha convertido en uno de los más nefastos personajes de nuestra historia republicana. Rechazado por la mayoría, él y la élite que lo rodea, se aferran al poder. Mienten, chantajean y reprimen cada vez con menos escrúpulos. Mientras continúan, sin hartarse, el saqueo del país. Como nunca ha expandido la miseria y consolidado la opresión. Ya no es cierto que los venezolanos nos dividamos entre chavistas y opositores. Hoy tenemos dos países en uno, el de los poderosos y enchufados, y el de la gran mayoría humillada y empobrecida. En eso terminó la revolución socialista. En una dictadura corrupta y desalmada que no nos deja respirar. La revolución es, en realidad, atraso, retroceso, destrucción. No es una exageración comparar hoy a nuestro país con un campo de concentración, una sensación que se ha agudizado con el confinamiento y el manejo autoritario de la pandemia del covid-19. La dictadura de Maduro concentra hoy las peores fuerzas limitadoras de nuestra libertad en toda nuestra historia.

Jamás podremos progresar mientras el dictador siga en el poder. La inmensa mayoría de los venezolanos lo sabe: ¡Con Maduro no hay vida! Sin embargo, allí sigue este personaje y las bandas de civiles y militares que secuestraron al Estado. ¿Por qué? Se dice que el arte de gobernar consiste, fundamentalmente, en evitar que todos se pongan bravos el mismo día. «Candelita que se prende, candelita que se apaga», dice un refrán que la dictadura ha sabido aplicar. Liberarnos de un gobierno tiránico supone entonces lo contrario.

¿Cómo podemos, los millones y millones de venezolanos que rechazamos la dictadura salir finalmente de ella? Tenemos que resolver, entre nosotros, un problema de coordinación. Tenemos que dar forma a eventos que nos movilicen, en todos los planos, en contra de la dictadura, alineando los apoyos internacionales y nuestra capacidad de lucha. Con nosotros, los venezolanos, en primera fila, tenemos que montar una «cayapa» democrática. No es un asunto fácil pero no hay opción. Nadie invadirá el país para liberarnos y el mecanismo electoral fue dinamitado por la dictadura. Nuestros líderes tienen una tarea enorme que les exigirá coraje, inteligencia y creatividad. Pero también nosotros, ciudadanos, debemos entender que, en ocasiones, no contamos con la información necesaria para juzgar adecuadamente eventos que pueden ser muy complejos. No se trata de actuar con ingenuidad. Solo de conservar la sensatez en tiempos de alta incertidumbre.

Con todo, para que nuestra liberación sea transformadora no basta con salir de Maduro. El problema histórico y fundamental de nuestro siglo XX ha sido el rentismo, es decir, habernos convertido en una sociedad parasitaria, una sociedad organizada alrededor del Estado receptor de la renta petrolera. Esta renta, en cuanto recurso económico, fue, en muchos casos, una herramienta para lograr importantes avances. Pero otra cosa fue la dependencia en la que caímos con respecto a ella. Nuestra baja productividad económica, el clientelismo político, la corrupción administrativa se vieron magnificadas por la presencia de esa renta. Cuando ésta empezó a disminuir nuestra economía entró en problemas y muchos sectores se sintieron amenazados.

Bien visto, el chavismo ha sido la profundización de ese rentismo, ahora acompañado por el ejercicio autoritario del poder, el culto a la personalidad, la división social, el ataque a la iniciativa privada, la persecución política. Antes de Chávez ya debíamos habernos propuesto superar el rentismo para convertirnos en una sociedad de creadores, una que promueve la educación, el esfuerzo y el emprendimiento de las personas. No solo tenemos que superar al chavismo sino también al parasitismo.

Una estrategia para colocarnos en el camino de nuestro desarrollo nacional puede resumirse en once grandes lineamientos:

1. *Protejamos la población más vulnerable durante la transición democrática y la recuperación económica.* *El apoyo de las sociedades libres nos puede servir hoy para que miles de venezolanos vivan. No son todos los que necesitan ayuda y mientras el régimen destructor permanezca en el poder cualquier acción solo atenderá los síntomas y no a la causa del problema. Pero al menos para varios miles de venezolanos la ayuda humanitaria tendrá sentido.*

2. *Dotémonos de ley y orden para garantizar la libertad, la justicia, el progreso.* *Construyamos un estado de derecho sólido, de reglas claras y transparentes, de garantías, de respeto a las normas y reglamentos establecidos en nuestra Constitución.*

3. *Asegurémonos educación y salud para todos.* *Cuidemos que todos, sin exclusiones, tengamos las oportunidades para desarrollar al máximo nuestros talentos y capacidades.*

4. *Estabilicemos la economía.* *Creemos un orden monetario y fiscal que acabe rápidamente con la hiperinflación. Para ello deberemos contar con apoyo financiero internacional y un sólido manejo de nuestras finanzas públicas.*

5. *Convirtamos nuestro emprendimiento privado en el motor del desarrollo.* *Dejemos que nuestra libre iniciativa, en busca de beneficio satisfaciendo a los consumidores, en un marco de competencia, sea capaz de generar producción, empleo, bienestar. Transfiramos*

al sector privado las empresas y funciones que, por su naturaleza, puede manejar igual o mejor que el Estado.

6. *Reconstruyamos y mejoremos nuestra infraestructura. Demos forma y ejecutemos un ambicioso plan de desarrollo de nuestra infraestructura, necesaria para el crecimiento económico, para la superación de la pobreza, para elevar nuestra calidad de vida. Demos prioridad a la inversión en servicios públicos esenciales, como agua y electricidad.*

7. *Mejoremos radicalmente las capacidades del Estado. Concentrémoslo en aquellas áreas que le son consustanciales y no debe delegar. Procedamos a una reorganización administrativa que reduzca ministerios y otras entidades o los integre dentro de una forma más eficiente. Convirtámoslo en un Estado transparente, inteligente y justo.*

8. *Descentralicemos el poder estatal. Otorguemos a los gobiernos regionales y municipales las competencias, recursos y responsabilidades sobre todas aquellas actividades y funciones que, por su naturaleza, pueden ser mejor dirigidas desde esas instancias de gobierno. Acerquemos así al ciudadano a la toma de decisiones sobre los asuntos públicos.*

9. *Promovamos una sociedad civil fuerte y organizada. Una sociedad civil que contribuya a impulsar las mejores causas sociales, a hacerle seguimiento y control a las acciones de gobierno, a proteger las libertades individuales.*

10. <u>*Protejamos y mejoremos nuestro ambiente.*</u> *Hagamos nuestras ciudades más vivibles, verdes, caminables. Protejamos nuestros bosques, ríos y mares, que son nuestros, de las generaciones futuras y de la humanidad entera.*

11. <u>*Integrémonos otra vez al mundo libre.*</u> *Para promover la paz entre los pueblos, el comercio internacional, el cuidado del ambiente. Para aprender y de los avances científicos, tecnológicos e institucionales que otros países realizan. Para llevar al resto de naciones nuestra cultura, nuestra música, nuestro arte.*

No exageramos al afirmar que nuestro país podría vivir, en pocos años, un «milagro» económico, social y político. Los venezolanos, capaces de generar su propia prosperidad, pero impedidos de hacerlo por un régimen opresor, podríamos rápidamente reactivar nuestra economía. Y esto sería solo parte de lo que eventualmente ocurrirá. Lo que los venezolanos podríamos vivir sería el renacimiento de nuestra sociedad. Una sociedad que luego de verse casi destruida por una revolución socialista pudo encontrar el camino, la esperanza y la fortaleza para resurgir.

Nuestra liberación y transformación es también, bien visto, un proyecto ético. Nuestros aprendizajes y esperanzas deben sintetizarse en un decálogo moral que nos sirva de referencia a la hora de decidir y actuar en los diversos espacios en los que transcurren nuestras vidas.

1. *Debemos esforzarnos por hacer cosas valiosas, para nosotros mismos y para los demás. Ser trabajador, ser empresario, ser funcionario consiste, ante todo, en crear cosas que las otras personas valoren. Nuestro ingreso depende de esa valoración. Esto es, en el fondo, lo que significa la palabra mercado.*

2. *Tenemos que volver a ser los venezolanos solidarios que éramos. Muchos requerirán apoyo para ponerse de nuevo en pie. El gobierno tendrá que otorgar subsidios a una parte de la población durante algún tiempo. Pero también la sociedad civil deberá ampliar sus formas de ayudar a los más necesitados.*

3. *Tenemos que cuidar las reglas que hacen posible la vida civilizada. Es imposible que una sociedad nos ofrezca lo que esperamos de ella, libertad y oportunidades, si nosotros, quienes la integramos, no nos comportamos con apego a ciertas reglas y valores. El sentido de la justicia, el cumplimiento de las leyes, la honradez, el respeto deben caracterizar nuestra conducta cotidiana.*

4. *No debemos depender del gobierno, de ningún gobierno. Tenemos que acabar con el «enchufe» como forma de progresar. No es un tema solo moral. Simplemente, un país de «enchufados» termina hundiéndose.*

5. *Tenemos que superar, de una vez y para siempre, el presidencialismo. No podemos volver a lanzarnos a ciegas tras una figura, por más carismática que sea. No se puede concentrar tanto poder en una persona o grupo*

pues ya sabemos cómo terminará esa historia: con la pérdida de nuestra libertad y con la degeneración de los gobernantes. Un «hombre fuerte» es un pueblo débil.

6. *Debemos recuperar el pluralismo y la tolerancia. La revolución intentó dividirnos durante más de veinte años, pero no pudo lograrlo. Hemos entendido que, aunque cada uno tenga derecho a su opinión no tiene el derecho a imponérsela a los demás.*

7. *Tenemos que valorar positivamente la política. La política puede ser, ciertamente, una actividad ruin y degradante. Pero también puede ser una actividad noble y enaltecedora. Se trata, además, de una actividad de una complejidad que muchas veces desconocen quienes la critican. Basta pensar en las dificultades que muchos vivimos en nuestros condominios para acercarse a esa complejidad.*

8. *Tenemos que conocer nuestra historia y aprender de ella. Un pueblo que no conoce su historia es como una persona sin memoria, alguien que puede ser convencida por algún estafador sobre cosas del pasado que nunca ocurrieron o que sucedieron de otra forma.*

9. *Tenemos que aprender de las experiencias de otros pueblos. Otras sociedades han vivido también duras épocas. Algunos de ellos no solo se recuperaron, sino que se convirtieron en mejores sociedades de las que eran. Entender cómo lo lograron nos podrá ser de gran utilidad para enfrentar nuestro desafío nacional.*

10. *Nunca dejemos de cultivar la esperanza. La esperanza nos dará la energía emocional que necesitamos para salir de los tiempos oscuros en los que vivimos y entrar en la época de paz, libertad y progreso que tanto deseamos.*

No nos tiene que preocupar demasiado el tiempo que tardará nuestra transformación, lo que nos tomará lograr de nuevo tal o cual nivel de vida. Para eso tendremos paciencia. Lo que si queremos y necesitamos es emprender esa transformación ya, lo antes posible. En el momento en el que comencemos decididamente a reconstruirnos, los venezolanos de bien sentiremos un gran alivio, nuestro espíritu nacionalista se llenará de fuerza y optimismo. Y a partir de allí, iremos remontando el camino, llenándonos con cada paso de más energía para continuar.

Este es nuestro desafío. Y aunque necesitaremos el apoyo solidario de los pueblos libres del mundo, nadie lo enfrentará por nosotros. Es nuestra responsabilidad. Es, ante todo, la de nuestro liderazgo político, empresarial, sindical, estudiantil, vecinal, intelectual. Pero es también la del ciudadano común. Cada venezolano, no importa el lugar en el que actúe, tiene que preguntarse qué está dispuesto a hacer, pues todos somos parte del problema del país o parte de su solución. No hay otra opción.

En la historia que en el porvenir nuestros hijos y nietos contarán sobre estos tiempos todos habremos sido protagonistas. Vernos, con esfuerzo imaginativo, desde el futuro en este presente nos permitirá tener consciencia del papel que estamos desempeñando. Debería ser uno que haga surgir sentimientos de gratitud en las generaciones que nos sucederán. Uno del cual, cuando nos toque hace el balance final de nuestras vidas, podamos sentirnos orgullosos.»

«UN SUEÑO PARA VENEZUELA»: INTRODUCCIÓN[20]

Prodavinci | 07.06.2020

1.

Siempre nos hallamos en algún estado emocional. Y el estado emocional en el que nos hallemos condiciona la percepción de nuestro entorno y de nosotros mismos, impulsándonos a actuar de una cierta manera y no de otra. La rabia nos incita al ataque; el miedo nos conduce a la huida o a la sumisión; la frustración nos hunde en la pasividad. La esperanza, por su parte, nos impulsa al emprendimiento creador.

Emoción y estado emocional no son lo mismo. Una emoción es una respuesta mental y fisiológica para la acción ante eventos externos o experiencias internas. Los estados emocionales, en cambio, constituyen parte de ese trasfondo, muchas veces inconsciente, que nos predispone a actuar de cierto modo. Así, tener un ataque de rabia no es lo mismo que vivir rabioso. Aquí queremos referirnos a los estados emocionales. Queremos destacar, en especial, que ellos están estrechamente asociados a los relatos que creamos para interpretar nuestras circunstancias.

En efecto, los seres humanos no solo somos emocionales: también somos narradores de historias. No es algo que podamos dejar de hacer. La necesidad de dar sentido a nuestro

---

20 Libro escrito en conjunto con Gerver Torres.

devenir en el tiempo nos exige hilar los hechos en tramas y relatos. Explicar, imaginar o proyectar es dar forma a relatos que nos contamos a nosotros mismos y a otros. Estos relatos son, en parte, contenidos que nos transmite, por diversos mecanismos, la cultura a la que pertenecemos.

Comprender la relación entre narrativas y estados emocionales nos parece fundamental. Las narrativas sobre nuestro entorno y sobre nuestras capacidades para actuar en él son, tal vez, los factores más importantes para entender por qué nos ubicamos en uno u otro estado emocional. Pero la situación en la que creemos estar depende, a su vez, del estado emocional en el que nos hallemos. Existe, pues, una relación de mutua causación entre emociones y narrativas. De la adecuada comprensión de esta circularidad depende nuestro buen desempeño como personas, como grupos, como sociedad.

Consideremos, por ejemplo, las narrativas que podemos calificar como políticas. Una narrativa política es, en un sentido general, un relato –o un conjunto de relatos– que nos permite explicarnos el pasado y el presente de una sociedad y prefigurar su futuro. Estas narrativas cumplen funciones de esclarecimiento, de diseño, de movilización. En ellas se entremezclan postulados científicos, interpretaciones históricas, creencias colectivas.

En toda sociedad conviven y compiten varias narrativas políticas. Algunas de ellas favorecen la convivencia y la cooperación; otras nos hacen desconfiar e incentivan el conflicto social. Hay narrativas que generan esperanza y hay narrativas que promueven el odio o el miedo. Estos distintos estados emocionales, a su vez, hacen a las personas proclives a aceptar algunos relatos y a rechazar otros. De esta manera, narrativas y estados emocionales se potencian mutuamente, haciendo que, en algunos casos, una sociedad quede presa de sí misma y en otros que progrese de manera indefinida. Digámoslo así: el desarrollo, en sus múltiples dimensiones, está acompañado de ciertas narrativas políticas y está reñido con otras.

2.

Cifras de un estudio de opinión realizado hace algunos meses reflejan los estados de ánimo dominantes en nosotros.[21] Unas tres cuartas partes de la población que se define a sí misma como opositora al régimen afirma experimentar estados emocionales negativos (angustia, enojo, desilusión, desesperación). Esos estados de ánimo estarían también presentes en aproximadamente la mitad de quienes no se definirían políticamente e, incluso, en alrededor de una tercera parte de quienes se consideran chavistas. Por otra parte, solo en este último grupo habría un porcentaje de personas significativo (cerca de un tercio) con estados de ánimo positivos (tranquilidad, agradecimiento, optimismo, entusiasmo). Es de suponer que este «mapa» emocional haya experimentado cambios y hoy imperen en todos los sectores estados emocionales negativos.

¿Qué narrativas podrían estar detrás de estos distintos estados de ánimo? Si afirmásemos que solo dos —una narrati-

21 Encuesta nacional realizada por *Consultores 21*, con fecha de campo entre el 14 y el 30 de junio de 2019.

va democrática y otra chavista– sería una simplificación tal vez extrema. No sería muy difícil crear otro «mapa», uno de narrativas políticas relevantes. Sería posible diferenciar así narrativas más específicas, asociadas a las circunstancias vividas por distintos grupos: narrativas de socialistas convencidos, de *capturadores de renta* (o «enchufados», para entendernos), de demócratas, de conservadores. Estas no serían, desde luego, narrativas independientes unas de las otras y, más bien, se solaparían entre sí de diversas maneras.

Lo que sí resulta evidente es que no existe hoy entre nosotros una narrativa que cumpla, al mismo tiempo, con dos condiciones deseables: ser mayoritariamente compartida e infundir estados emocionales positivos. Uno de los desafíos de los venezolanos consiste, pues, en dar forma a una narrativa comprensiva e inspiradora, capaz de articular a otras narrativas y de adecuar nuestros estados emocionales al desafío de nuestra liberación y de nuestra reconstrucción.

3.

En *Un Sueño para Venezuela* ofrecemos una narrativa política que pretende ser tanto verosímil como esperanzadora. Al fin y al cabo, no todo lo deseable es posible y no todo lo posible es deseable. Una narrativa política como la que requerimos no puede ser solo un cuento estéticamente bien logrado y debe proponerse conjugar razón, imaginación y emoción. No puede limitarse a dibujar un país ideal y debe promover nuestro aprendizaje sobre lo que hemos hecho bien y lo que hemos hecho mal. Una narrativa política es, sin duda, un complejo «artefacto» cultural.

Con esa perspectiva en mente, nuestra narrativa contiene cinco momentos presentados como otras tantas preguntas: ¿A dónde queremos y podemos llegar? ¿Dónde estamos hoy? ¿Cómo llegamos hasta aquí? ¿Con qué contamos para salir de la situación actual? ¿Cómo hacemos para cambiar? Las respectivas respuestas a estas interrogantes conforman los capítulos del trabajo.

No pretendemos, ni por asomo, haber agotado el debate sobre estos temas con nuestras respuestas. Requerimos, en realidad, una amplia y profunda conversación cívica sobre nosotros mismos. Todo ciudadano reflexivo y preocupado por el destino de nuestra sociedad debería sentirse convocado a ella. Esta es nuestra contribución. Es la razón que justifica el tono pedagógico del texto: es un intento, ojalá exitoso, de presentar asuntos de relativa complejidad en forma accesible a un público no especializado.

Este libro constituye una nueva edición, revisada y sustancialmente modificada, de un texto escrito hace veinte años por uno de nosotros.[22] Esta nueva edición ha sido redactada esta vez «a cuatro manos», con el valioso apoyo de generosos amigos y compañeros. Advertimos que nos hemos permitido usar libremente, sin hacer citas que entorpeciesen la fluidez de la lectura, muchos extractos de otras obras nuestras.[23] Es necesario agregar que este libro estaba listo para su pu-

22 Torres, Gerver (2000). Un sueño para Venezuela. Caracas, Venezuela: A.C. Liderazgo y Visión.

23 En especial, *Bifurcación: neocomunismo o libertad* (2011) y *Libertad, emprendimiento y solidaridad: 10 lecciones sobre economía social de mercado* (2016), ambos de Roberto Casanova.

blicación pocas semanas antes del inicio de la pandemia del covid-19. Dado el agravamiento extremo de las duras circunstancias que ya vivía el país, hemos decidido divulgarlo en forma gratuita.

4.

En el año 2000, la primera edición de este libro proponía un camino alternativo y mejor al que la mayoría de la sociedad estaba tomando, tras los pasos de un líder carismático. La experiencia y la reflexión nos han servido para entender lo trágicamente equivocada que resulta ser una revolución socialista. Los tiempos que corren representan el final de ese terrible experimento en nuestro país y, por esa razón, constituyen una oportunidad propicia para presentar, de nuevo, una narrativa política inspirada en la libertad, la inclusión, el progreso.

En materia de cambio social puede resultar equívoco colocar un calendario a nuestras expectativas. El año 2020 fue utilizado, en la primera edición del libro, solo como una referencia, tal como el año 2038 es usado en esta nueva edición. Mas lo cierto es que ninguna sociedad puede saber lo que el futuro traerá consigo. Por ello una visión de nuestro porvenir debe estar siempre abierta a lo inesperado y debe evitar quedar congelada en un conjunto de metas que, en la práctica, pueda ser un obstáculo para la creatividad colectiva. El progreso no debe medirse, en un determinado momento, por lo cerca que estemos de una meta específica que nos hayamos propuesto sino, más bien, por el avance con respecto a la situación anterior. Saber que andamos en buenos pasos, que caminamos en la dirección correcta, es, en sí mismo, esperanzador. Una sociedad se hace mejor en la medida en que promueve la inteligencia creadora de todas las personas y las oportunidades para que ella se expanda libre y solidariamente.

Hablar acerca de adelantos en una dirección *correcta* es una afirmación con obvias connotaciones éticas. Al respecto sostenemos que una visión de nuestro futuro colectivo debe ser definida, ante todo, por los valores que deseamos ver materializados en instituciones, en proyectos, en conductas. Tales valores nos servirán para recuperar la concordia social y política sin la cual ninguna sociedad puede prevalecer y progresar. Son valores como la libertad, la inclusión y el progreso, entre otros, los que deben servirnos, como una suerte de brújula moral, para saber si nos movemos o no en la dirección deseada.

5.

Las narrativas capaces de inspirar y movilizar a los pueblos se manifiestan primero en ciertas prácticas sociales. En tal sentido, en una sociedad es posible identificar las acciones individuales o grupales que son simientes de un futuro posible y deseable.

Ello ocurre hoy en Venezuela. Una mirada atenta a nuestro entorno nos permitiría descubrir comportamientos y experiencias de otra Venezuela que pugna a diario por hacerse realidad. Emprendedores en las distintas esferas del quehacer humano –la economía, el activismo social, la educación, el arte, la literatura, etc.– son, sabiéndolo o no, portadores del ideal de un mejor país, de un sueño nacional. Se trata de personas que se caracterizan por su acción esperanzada, por su perspicacia para encontrar o imaginar oportunidades, por su *resiliencia* para afrontar un entorno hostil, por su vocación realizadora, por su contagiosa fuerza vital.

Hay personas, sin embargo, que sienten que ya no pertenecen a Venezuela. Respetuosos de la libertad individual, no juzgamos tal convicción. Pero sí sostenemos que, en nuestra opinión, uno no pertenece a un país: uno es un país. Es la articulación de nuestras acciones la que da forma, cotidianamente, a Venezuela. Así, una fracción de nuestro país como empresa en común desaparece cada vez que un venezolano pierde la fe en él. Pero nuestro país se vigoriza con cada venezolano que persevera en la lucha por la libertad creadora, condición indispensable para transitar el exigente, pero maravilloso camino de nuestro renacimiento nacional.

A estos emprendedores, portadores de nuestro futuro, dondequiera que se encuentren, dedicamos este libro.

BREVE ELEGÍA A EMETERIO GÓMEZ

Prodavinci | 22.04.2020

Toda vida es como un tapiz único, tejido con los innumerables hilos que cada uno crea en la interacción con los demás. Algunos de esos hilos pueden ser especialmente resistentes y, por tanto, definitorios de quiénes somos y de cómo pensamos.

Mi trato con Emeterio, a lo largo de muchos años, primero como alumno y luego como amigo, me hizo integrar algunos hilos intelectuales al tapiz que yo voy siendo. Se trata de ideas-fuerza que él enseñaba con singular pasión y gran capacidad pedagógica. Mencionaré aquí solo cuatro de ellas.

Gracias a Emeterio entendí que el valor de las cosas no depende del esfuerzo que supone producirlas sino, fundamentalmente, de la apreciación subjetiva que las personas hagan de ellas; una idea que parece trivial pero que, en realidad, desbarata la teoría marxista de la plusvalía y de la explotación. Fue también por Emeterio que comprendí que no puede haber desarrollo si se impide que la libertad creadora de las personas se despliegue, como emprendimiento, en todas las áreas del quehacer humano. De igual modo, él me ayudó a entender que la razón humana tiene límites insalvables y que toda decisión es, en el fondo, expresión de lo libre e indefinido en el ser humano, lo que él consideraba nuestro Espíritu. Su reflexión, finalmente, me condujo también a pensar que el destino de nuestra civilización dependerá, en buena medida, de nuestra capacidad para asumir que el reconocimiento de la dignidad humana debe ir más allá del respeto a la libertad individual y debe expresarse, además, en la compasión y solidaridad con nuestros semejantes.

Estas cuatro ideas fuerza que me marcaron constituyeron también hitos en la propia vida de Emeterio, en su intensa y valerosa evolución desde el marxismo al liberalismo y desde las ciencias sociales a la filosofía moral y a la espiritualidad. Estos cambios, sin embargo, fueron siempre la expresión de una honda continuidad vital: la búsqueda incansable del conocimiento necesario para hacer de este mundo algo mejor para todos.

LAS REGLAS DE LA RECONSTRUCCIÓN

Prodavinci | 17.09.2019

La crisis venezolana conducirá, eventualmente, a un significativo cambio político. El actual orden desaparecerá y un nuevo orden surgirá. Este cambio, como sucede con los procesos históricos, tendrá un carácter contingente y no dará forma, necesariamente, a un orden social determinado.

Es cierto que la mayoría de los venezolanos rechaza el conflicto político, el control económico o la corrupción e ineficiencia estatales, pero de ello no se deriva que esa mayoría coincida, automáticamente, en los principios que deberán sustentar un nuevo orden social. En realidad, una gama de posibilidades, que van desde la restauración de antiguas dinámicas políticas hasta la reinvención de nuestras instituciones, se abre ante los venezolanos. Cuál de ellas predominará dependerá de una «constelación» de factores: la manera en la que el régimen socialista acabe, las decisiones que los agentes transformadores adopten, la nueva estructura de poder que se conforme, la influencia que la movilización social y la opinión pública alcancen, entre otros (Urbaneja, 2018). En esta encrucijada histórica tendrán especial relevancia las ideas que, sobre la economía y la política, posean quienes deban adoptar decisiones en los altos niveles del Estado y de la sociedad.

En este breve ensayo presento un esquema conceptual y un conjunto de ideas que, tal vez, sean de utilidad en el debate que, sobre un nuevo orden social, los venezolanos debemos sostener. Al estar inmersos en la lucha por recuperar la libertad y la democracia, ese debate ha tenido poca relevancia. Podría argumentarse que tal hecho resulta conveniente pues una prematura discusión pública sobre la forma del porvenir haría aflorar, desde ahora, antagonismos entre sectores que hoy están alineados frente a la tiranía socialista.

Pienso, por el contrario, que hay que dedicar tiempo, en el exigente presente que hoy vivimos, a debatir sobre los principios ordenadores de la sociedad que tendremos que reconstruir. De no ser así podrá ocurrir que, ante el previsible fin del orden socialista, actores que debaten poco pero que actúan resuelta y estratégicamente vayan tomando control de procesos decisorios clave y acaben así configurando un orden social alejado de las esperanzas de libertad, bienestar y justicia que muchos hoy tenemos. No sería la primera vez que, en la historia latinoamericana, algo así aconteciese.

I. SOBRE INSTITUCIONES

Las instituciones son, de acuerdo con una concepción ampliamente compartida, las reglas que limitan ciertas conductas y promueven o habilitan otras. Las instituciones se manifiestan así en patrones estables y predecibles de comportamiento, simplificándonos la realidad en la que debemos actuar y disminuyéndonos a todos el costo asociado a la incertidumbre en nuestras relaciones sociales, políticas y económicas. Sin instituciones, entendidas de esta manera, una sociedad humana es simplemente imposible.

La presencia de las instituciones en cualquier sociedad es amplia y diversa. Pueden tener una expresión formal, como una ley o una política pública, pero también pueden manifestarse de manera informal en numerosas normas sociales. El conjunto de instituciones que existe en una sociedad, en un momento dado, es en realidad un complejo producto histórico y está lejos de conformar un sistema coherente. Las instituciones de una sociedad se solapan entre sí, se refuerzan mutuamente, compiten entre ellas, se contradicen. Decía Tocqueville, por ejemplo, que «las leyes son siempre vacilantes en tanto no se apoyan en las costumbres; las costumbres forman el único poder resistente y duradero del pueblo» (Gomá, 2016). Por esta y otras razones no es sino arrogancia suponer que algún grupo pueda construir un orden institucional perfectamente funcional.

Algunas instituciones pueden favorecer el interés general (varios autores las denominan «inclusivas», aunque quizás baste con calificarlas como justas). Otras instituciones, por el contrario, benefician a algunos sectores en perjuicio de otros y se les ha dado en llamar instituciones «extractivas» (Acemoglu y Robinson, 2012). Estas últimas son denominadas así en alusión a la conducta orientada a extraer rentas, esto es, beneficios particulares derivados de la capacidad para influir en centros decisorios estatales. Me parece mejor, sin embargo, hablar de instituciones «excluyentes» como concepto general y considerar a las instituciones «extractivas» como la expresión de aquéllas en la dinámica económica.

En el ámbito económico el respeto a los derechos de propiedad, la libertad de contratos o la promoción de la competencia, por ejemplo, son instituciones «inclusivas» que no solo protegen la libertad individual, sino que, además, han demostrado su capacidad para incentivar las conductas que explican el desarrollo, es decir, el emprendimiento, la productividad, la innovación. En ese mismo ámbito son reglas «excluyentes» las políticas proteccionistas, los privilegios fiscales o la creación de monopolios, reglas que benefician a determinados grupos o sectores y perjudican, directa o indirectamente, al resto de los ciudadanos. En la esfera política, de modo equivalente, los derechos al voto, a la participación o a ser electos a cargos de representación pública son instituciones «inclusivas» mientras el voto censitario, las limitaciones a la libertad de expresión o ciertas formas de cabildeo son instituciones «excluyentes».

En términos muy esquemáticos podemos caracterizar a los sistemas políticos y económicos con base en el predominio en ellos de instituciones «inclusivas» o «excluyentes». Así, la democracia es un sistema político basado en instituciones «inclusivas» y el autoritarismo un sistema político constituido por instituciones «excluyentes». De modo semejante, una economía competitiva o la competencia, a secas, es un sistema económico que opera en el marco de instituciones «inclusivas» mientras el rentismo lo hace en el de instituciones «excluyentes».

II. CUATRO MODELOS «PUROS»

Para fines analíticos resulta interesante, a partir de las no-

ciones presentadas, imaginar cuatro órdenes económico-
políticos «puros»:

1. La coexistencia de un sistema político plural y una eco‐
   nomía basada en la competencia son dos de los rasgos
   que definirían, por ejemplo, a la *economía social de mer‐
   cado* (Casanova, 2016).

2. El pluralismo, asociado a una dinámica en la cual el po‐
   der político y el poder económico, en búsqueda de be‐
   neficios grupales, se potencian mutuamente, carac‐
   terizaría a una *democracia rentista* (modelo que se
   correspondería, en parte, con el hoy llamado «crony»
   capitalism).

3. El autoritarismo orientado a garantizar la existencia
   de una economía de mercado libre y competitivo daría
   forma a una suerte de *«liberalismo» autoritario*. Vale
   advertir que las comillas son importantes pues el libe‐
   ralismo, en un sentido amplio, incluye las libertades
   políticas.

4. El autoritarismo y un Estado intervencionista consti‐
   tuirían las bases de *regímenes patrimonialistas*, un tipo
   de orden que tendría en el socialismo burocrático y dic‐
   tatorial una de sus manifestaciones extremas.

Hay buenos argumentos para afirmar que, teóricamen‐
te, dos de estos órdenes tienden a ser estables y otros dos,
no (Acemoglu y Robinson, 2012). El pluralismo, en la medida en
que dificulta la concentración del poder político, obstaculi‐
za también que éste sea utilizado por los actores económicos
para eludir la competencia mediante el logro de privilegios;

visto de otro modo: la competencia impide la concentración del poder económico y disminuye el riesgo de que grupos de interés influyan en el proceso político. En tal sentido, la *economía social de mercado* supone el mutuo reforzamiento entre competencia y pluralismo y la activación de un «círculo virtuoso» de desarrollo. Tal modelo es doblemente opuesto al patrimonialismo.

En efecto, la concentración del poder político y su ejercicio autoritario por parte de una élite le permite a ésta influir en el proceso económico y otorgarse a sí misma –y a grupos aliados– privilegios generadores de rentas; la concentración de poder económico que esta dinámica supone hace más fuerte la posición de la élite que ejerce el poder político. Estamos así ante un *régimen patrimonialista* en el cual quienes detentan el poder no sólo utilizan activos bajo su mando en su favor sino también las instituciones y políticas públicas que puedan crear. Autoritarismo y rentismo se potencian uno al otro, generando un «círculo vicioso» de atraso y corrupción.

Los otros dos modelos resultan incoherentes en algún sentido y, por tanto, tienden a evolucionar hacia alguna de las dos formas estables descritas. En la *democracia rentista* el pluralismo político hace difícil que sólo unos pocos grupos consigan sesgar a su favor las instituciones y las políticas públicas, sin desencadenar reacciones negativas por parte de otros grupos o de la ciudadanía en general. Esta situación se resuelve bien sea por el avance hacia la competencia (lo cual lleva al sistema hacia la *economía social de mercado*) o por la pérdida del pluralismo (empujando al régimen hacia el *patrimonialismo*). La inestabilidad de la *democracia ren-*

tista podría atenuarse durante algún tiempo si ocurriese, como en el caso venezolano, que la abundancia de recursos fiscales provenientes de una fuente diferente a los impuestos permitiese la democratización, por así decirlo, de la captura de renta.

En el caso del *liberalismo autoritario*, la concentración del poder político genera fuertes incentivos para alterar la dinámica de la competencia en favor de algunos grupos poderosos. La estabilización de este orden pasa por su evolución hacia un esquema pluralista (esto es, mutando hacia una *economía social de mercado*) o, alternativamente, hacia la destrucción de la competencia (lo que implica su transformación en un régimen *patrimonialista*).

Se trata, insisto, de una clasificación conceptual muy simple. Aunque puede ser útil como herramienta *heurística*, generadora de conjeturas razonables para explicar situaciones reales. En la práctica, lo más probable es que nos encontremos con casos híbridos, en los cuales algunos o todos los modelos están presentes en diversos grados, interactuando de distintas formas.

No está demás decir que este ensayo es un alegato en favor de una *economía social de mercado*, basada en la competencia y el pluralismo. Este es un modelo que, en mi opinión, lograría enrumbarnos hacia el desarrollo integral, con libertad e inclusión social. Sobre ello he escrito en otras ocasiones.[24]

24 Véase, por ejemplo, *Una visión de centro para la reconstrucción* https://prodavinci.com/una-vision-de-centro-para-la-reconstruccion/

III. EL DESAFÍO DE LA RECONSTRUCCIÓN

La reconstrucción de la sociedad venezolana será compleja. El colapso del sistema económico, la destrucción de las instituciones democráticas y liberales, las apremiantes demandas sociales, la persistencia de ciertos modelos mentales, el reacomodo en las estructuras de poder y de las relaciones internacionales, entre otros factores, conformarán un enmarañado marco para el proceso decisorio. La creación de un orden institucional capaz de garantizar la libertad, el bienestar y la justicia será un gran desafío a la inteligencia colectiva de los venezolanos.

Una parte importante de los problemas a resolver es evidente, en un sentido general. Se trata de reconstruir instituciones que cualquier sociedad moderna da hoy por sentadas, como también lo hacía la venezolana hasta hace dos décadas. Entre ellas, el Estado de derecho como sistema de reglas, el sistema electoral, la administración de justicia, el monopolio estatal del uso de la fuerza, la autonomía del Banco Central o la unidad del Tesoro. En estos asuntos contamos con una Constitución que, a pesar de los cuestionamientos que puedan hacérsele, define los parámetros básicos para esta parte de la tarea reconstructora.

Pero esa tarea abarca muchos otros temas. Los Poderes Públicos, en particular el Ejecutivo Nacional, deberán responder a una formidable cantidad y variedad de problemas. Un listado incompleto pero ilustrativo de tales problemas incluye: el levantamiento de controles de todo tipo, la concreción de un nuevo paradigma de política social, el diseño de adecuadas políticas industrial y agrícola, la creación de una mo-

derna regulación para el sistema financiero, el desarrollo de
eficaces políticas educativas y de salud, la implementación
de un sistema sostenible de seguridad social, la ejecución de
planes para recuperar y mejorar las infraestructuras, la privatización de numerosas empresas estatales, la definición
de una política tributaria justa, la renegociación de la deuda externa y la reinvención de la Administración Pública.
En todos estos asuntos deberán diseñarse reglas frente a las
cuales la Constitución, por su propia naturaleza, solo puede
ofrecer lineamientos generales.

Es alto el riesgo de que en la toma de decisiones se incurra en
desviaciones que, incluso sin proponérselo los agentes sociales, conduzcan a la restauración del modelo democrático rentista. Las altas expectativas de diversos sectores con respecto a la rápida mejora de sus condiciones de vida serán una
fuente constante de presión sobre los decisores, obligándoles
a conciliar posiciones y establecer prioridades en un incierto
manejo de intereses y tiempos. Si a ello se agrega que los restos del régimen revolucionario configurarán, seguramente,
una oposición desleal, el contexto de acción del gobierno de
reconstrucción se entrevé aún más complicado.

No sería sorprendente, entonces, que, ante la necesidad de
alcanzar éxitos tempranos, predomine una perspectiva cortoplacista. No sería raro tampoco que uno de los vicios del
presidencialismo, la discrecionalidad ejecutiva, se intensifique en un contexto en el cual el análisis y la concertación
impondrían lapsos que los decisores considerarían inmanejables. En este entorno es previsible, además, la aparición de
nuevos centros extrainstitucionales de poder y el desarrollo,

por parte de diversos grupos, de estrategias de cabildeo para defender y promover sus intereses. De hecho, es probable que eso ya esté sucediendo. Debe tomarse nota, como referencia, que estos fenómenos –cortoplacismo, discrecionalidad, «decretismo»– estuvieron presentes, por razones semejantes a las mencionadas, en varias experiencias poscomunistas, a fines del siglo pasado. Aprender de ellas es fundamental.

La reconstrucción requiere contar con ciertos principios, reglas y mecanismos capaces de: crear una estrategia de desarrollo y adecuados planes de acción, minimizar los riesgos de una nueva captura del Estado, garantizar la transparencia y la participación democráticas y promover el necesario aprendizaje social sobre la experiencia vivida. Al respecto, la noción de gobernanza puede resultar útil.

IV. LA GOBERNANZA DE LA RECONSTRUCCIÓN

La noción de gobernanza ha sido utilizada de diversas formas por distintos autores. Aquí la entenderé como el «arte» de concertar y respetar principios, reglas y mecanismos que sirvan para que gobiernos, sociedad civil, empresa privada y ciudadanos en general puedan tomar decisiones sobre asuntos públicos clave, de manera democrática, transparente y responsable. En este sentido, la gobernanza de la reconstrucción deberá incluir, al menos: a) la definición de los principios y reglas a seguir en la creación del nuevo orden institucional; b) el diseño de una estrategia nacional de desarrollo, y c) la creación de un sistema de diálogo democrático.

Entro ahora, para finalizar, en terreno propiamente normativo, proponiendo algunas ideas para conformar la gobernanza de la reconstrucción venezolana.

1. Principios ordenadores

Un nuevo orden social debe tener como uno de sus principios cardinales el *logro y mantenimiento del apoyo popular a un genuino sistema de libertades*. Sostengo que tal sistema de libertades tiene que ser popular o no será.

En consonancia con ese principio, la regla general que debe guiar la toma de decisiones debe consistir en crear, en todos los casos posibles, *oportunidades para todos sin conceder privilegios a nadie*. Ello significa, fundamentalmente, depurar nuestro sistema jurídico para garantizar la existencia de leyes auténticas –generales y abstractas– y la supresión de leyes espurias, meros instrumentos al servicio de grupos o sectores específicos.

2. Estrategia nacional de desarrollo

La reconstrucción venezolana requerirá el diseño y ejecución de planes en diferentes esferas y planos. Estos planes tienen que ser concebidos como expresiones de una estrategia de desarrollo más amplia, que defina las grandes metas y los ejes de acción de la transformación que la nación deberá experimentar. Esa estrategia, en conjunto con los principios y reglas antes comentados, permitirá evaluar la pertinencia de los diferentes planes particulares, así como sus procesos de ejecución.

El llamado *Plan País,* dado a conocer hace unos meses, es un significativo avance, pues supone el acuerdo entre especialistas y políticos con respecto a un conjunto de medidas y políticas para enfrentar la emergencia humanitaria, estabilizar la economía y comenzar algunos cambios estructurales

(Asamblea Nacional, 2019). La ampliación y profundización de ese plan continúa, pero está pendiente, sin embargo, el diseño de la referida estrategia de desarrollo. Esa estrategia no puede ser la simple sumatoria de los numerosos planes particulares, si se quieren evitar la incoherencia del proceso de reconstrucción y la generación de resquicios a través de los cuales diferentes grupos de intereses puedan penetrarlo.

3. Sistema de diálogo democrático

El logro de un gran acuerdo político y social en torno a los principios del nuevo orden y a la estrategia de desarrollo será imprescindible. Dicho acuerdo, en consonancia con el sistema de libertades que se aspira a crear, deberá basarse en un diálogo capaz de convocar a la mayor parte de los sectores del país. Aquí sólo me referiré, brevemente, a cuatro iniciativas para materializar dicho diálogo:

a. Crear, considerando la experiencia de la Comisión para la Reforma del Estado (COPRE) y otras iniciativas internacionales, la *Comisión Nacional para la Reconstrucción Venezolana*. Tal organización se dedicaría a estudiar, proponer y concertar proyectos de gran alcance y estaría integrada por un grupo plural de prestigiosos venezolanos.

b. Desarrollar los *mecanismos digitales para organizar el debate público* en torno a proyectos de leyes y propuestas de políticas públicas y, de resultar aprobadas, para evaluar su desempeño.

c. Convocar a *Asambleas de Ciudadanos* para debatir sobre cada proyecto de ley o propuesta de política pública; estas Asambleas estarían conformadas por, digamos, cien ciudadanos seleccionados al azar del Registro Electoral Permanente y sesionarían durante varios días con el debido apoyo financiero y técnico. Estas instancias no tendrían, desde luego, carácter vinculante, pero serían un mecanismo para hacer transparente y para validar importantes decisiones estatales.

d. Solicitar regularmente a centros de investigación y organizaciones civiles, evaluaciones económicas, sociales y jurídicas de proyectos de leyes y de propuestas de políticas públicas.

V. UNA SOCIEDAD INTELIGENTE

Estos planteamientos, pienso, podrían ser compartidos por diversos actores políticos moderados, ubicados a lo largo del espectro doctrinario. En este sentido, *el nuevo orden social implicaría la reconstrucción del centro político*, es decir, esa «zona» de valores y principios compartidos por los actores políticos y sociales relevantes.

Nuestro reto es crear una sociedad inteligente, una sociedad capaz de comprender sus problemas, evaluar sus opciones y decidir colectivamente por la mejor de ellas. Es vital entender que la reconstrucción abrirá para Venezuela una oportunidad histórica. Podría ser un tiempo de cambios profundos y benéficos, impulsados por la esperanza y el esfuerzo de muchos venezolanos, dentro y fuera del país, apoyados por ciudadanos de otros lugares «compelidos a participar de esa extraordinaria experiencia del siglo XXI que puede ser la reconstrucción de Venezuela» (Torres, 2019).

El saldo de esos años de movilización creadora podría ser, entonces, un nuevo orden institucional dentro del cual los venezolanos podamos, libre y responsablemente, desarrollar nuestras capacidades para vivir de acuerdo con nuestros particulares proyectos de vida.

BIBLIOGRAFÍA

Acemoglu, Daron and James Robinson. *Why nations fail: the origins of power, prosperity and power.* New York, USA: Crown Publishing Group, 2012.

Asamblea Nacional, República Bolivariana de Venezuela. *Acuerdo político para rescatar a Venezuela del colapso económico* [en línea] Punto de Corte, 31 de enero de 2019. Disponible en: http://puntodecorte.com/tag/acuerdo-politico-para-rescatar-a-venezuela-del-colapso-economico/ [Consulta: 10/04/19]

Casanova, Roberto. *Libertad, emprendimiento y solidaridad. 10 lecciones sobre economía social de mercado.* Madrid, España: Unión Editorial, 2017.

Elster, Jon; Claus Offe, and Ulrich K. Preuss. *Institutional Design in Post-communist Societies. Rebuilding the Ship at Sea.* Cambridge, United Kingdom: Cambridge University Press, 1998.

Gomá L., Javier. *Libre y con compromiso* [en línea] El País, 22 de febrero de 2016. Disponible en: https://elpais.com/elpais/2016/02/19/opinion/1455892924_603940.html [Consulta: 12/05/19]

Hayek, Friedrich. *Derecho, legislación y libertad (volumen 1)*.
Madrid, España: Unión Editorial, 1985.

Tang, Shiping. *A general theory of institutional change*.
New York: USA, Routledge, 2011.

Torres, Gerver. *El andamiaje emocional de la reconstrucción*
[en línea] Prodavinci, 23 de marzo de 2019. Disponible
en: https://prodavinci.com/el-andamiaje-emocional-de-la-
reconstruccion/ [Consulta: 11/04/19]

Urbaneja, Diego Bautista. «Para una historia de la toma de
decisiones en Venezuela». En: Fernando Spirito (coord.), *Decisiones de Gobierno en Venezuela: apuntes para su comprensión
histórica y de políticas públicas*. Caracas, Venezuela: Editorial
Alfa, 2018, pp. 45-63.

SOBRE POPULISMOS, SOCIALISMOS Y DEMOCRACIAS LIBERALES [25]

Prodavinci | 13.12.2018

El documental *El pueblo soy yo: Venezuela en populismo*, [26] dirigido por Carlos Oteyza y producido por Enrique Krauze, sintetiza vívidamente la pesadilla que muchos venezolanos hemos sufrido durante casi dos décadas. Presenciar, durante una hora y media, una cuidada selección de escenas de esta terrible historia, que aún no termina, resulta devastador. Nos hace rememorar años de luchas y fracasos, de esperanzas y decepciones, de destrucción y muerte. Pero, por duro que sea, este excelente documental viene a cumplir tres tareas esenciales: nos permite recordar, de manera sistemática, la experiencia vivida; nos sirve para dar a conocer una historia que, para muchos, resulta aún inconcebible y, finalmente, nos ayuda a reflexionar y a aprender políticamente. Con respecto a esto último quisiera compartir varias ideas.

1. EL «CHAVISMO» ERA UNA POSIBILIDAD QUE YA EXISTÍA ANTES DE «CHÁVEZ»

El surgimiento del populismo era una posibilidad que germinó y creció lentamente en Venezuela. Se derivaba, fun-

---

25 Una primera versión de este artículo fue publicada en http://www.condistintosacentos.com/ sobre-populismos-socialismos-y-democracias-liberales/

26 https://www.youtube.com/watch?v=L0LpYWIoh68

damentalmente, de cuatro circunstancias. Primero, del hecho de que una parte cada vez mayor de la población estaba siendo excluida del proceso de ascenso social que había sido realidad, para muchos, durante varias décadas del siglo pasado. Segundo, de la existencia de una creencia colectiva, profundamente arraigada: la de ser un rico país petrolero; con base en ella la exclusión y la desigualdad eran explicadas como resultados de un sistema de privilegios cuyos beneficiarios eran ricos empresarios y políticos corruptos. Tercero, de la incapacidad de renovación de los partidos y de la élite política. Cuarto, de la debilidad institucional que, en conexión con nuestras viejas prácticas caudillistas, concentraba un excesivo poder discrecional en el presidente.

En ese contexto ocurrió que muchos venezolanos asociaron el anhelado cambio a la aparición de un nuevo líder, quien habría de redimir a los excluidos y castigar a los privilegiados, distribuyendo de manera justa la riqueza nacional. Chávez, con su personal mitología bolivariana y su imagen de hombre fuerte y responsable, fue el elegido. Una parte significativa de los venezolanos colocó en sus manos todo el poder del Estado y, con él, el destino de la nación.

2. UN «MOMENTO» POPULISTA NO ES IGUAL A UN «RÉGIMEN» POPULISTA

La noción de populismo cambió desde hace algún tiempo. Para ciertas corrientes intelectuales, el populismo es concebido hoy como el proceso del cual emergería el «pueblo» como sujeto político, catalizado por un liderazgo carismático. Ese proceso supondría siempre establecer una dicotomía entre el «pueblo» y «los otros», el no-pueblo. La aplicación de tales categorías variaría en función del líder, de su ideología y, en general, de las circunstancias de cada sociedad.

El populismo «de izquierda» distinguiría entre un «pueblo» integrado por los inconformes, por diferentes razones, con un estado de cosas, por una parte, y la «oligarquía» capitalista nacional y transnacional, por la otra. De modo semejante, el populismo «de derecha» dividiría a la sociedad entre el «pueblo» formado por los auténticos nacionalistas y los otros: inmigrantes, extranjerizantes, globalizadores. La tarea fundamental del liderazgo carismático consistiría en cautivar y aglutinar a sectores diversos, creando una «cadena de equivalencias» entre sus diferentes demandas y proporcionándoles una identidad común «transversal». El «pueblo» sería pues un «significante vacío», un vocablo que adoptaría diversos contenidos, y el populismo, básicamente, una estrategia discursiva (Mouffe, 2018).

Pero, como sabemos, el populismo es algo más. Es también una forma de gobernar caracterizada por algunos de estos rasgos: personalismo desinstitucionalizador, exclusión social, voluntarismo económico, conflicto político, movilización social.

En tal sentido cabría distinguir, entonces, entre un «momento populista» y un «régimen populista». El «momento populista» consistiría, básicamente, en el choque entre sectores conservadores de un sistema de privilegios y una mayoría, plural y descontenta, que demanda reconocimiento y oportunidades para progresar. Pero otra cosa sería que, luego de la sustitución de los grupos en el poder, el populismo se perpetuase como la forma de gobernar de una nueva élite. En ese caso, el «momento populista» habría dado paso a un «régimen populista».

¿Cuál es la relación esperable entre un «momento populista» y un «régimen populista»? ¿Conduce el primero, necesariamente, al segundo? Eso sería lo sucedido en Venezuela con Chávez y en otros diversos países. Pero ¿es realmente inconcebible que un «momento populista» conlleve a la implantación de un régimen no populista? ¿No vivió acaso el liberalismo un «momento populista», durante sus luchas antimonárquicas, hacia fines del siglo XVIII? ¿No está en la génesis histórica de nuestras democracias liberales el aparecimiento de «momentos populistas»?

La noción de populismo es, sin duda, problemática. No existe acuerdo con respecto a su significado, alcance y utilidad, por lo que debería ser objeto de un debate amplio y sereno. Algo ciertamente difícil si se considera la enorme carga negativa de la que el vocablo es portador.

3. ES INSUFICIENTE DEFINIR AL «CHAVISMO» COMO POPULISMO

La caracterización del régimen chavista ha sido largamente discutida. Se le ha definido como: populismo, autoritarismo competitivo, dictadura militar, tiranía personalista, narco-dictadura, neocomunismo o fascismo, entre otras denominaciones. Podría pensarse que este ha sido y es un ejercicio intelectual inútil. No lo es. Una inadecuada interpretación de quién es el adversario en política puede resultar algo peligroso. De hecho, una de las dificultades de los sectores de-

mocráticos venezolanos y de la comunidad internacional
para enfrentar al régimen chavista ha sido la ausencia de
una interpretación común y válida sobre su naturaleza.

En este debate es importante hacer un análisis *comprensi-
vo* de dicho régimen, entendiéndolo en los términos en los
que sus propios líderes lo han concebido. Esto supone tomarse en serio al socialismo del siglo XXI que ellos anunciaron,
allá por el año 2005, como su proyecto de transformación radical de la sociedad.

Dicho análisis permite sostener que ese proyecto nunca re-
presentó a una izquierda democrática y moderna, y que era,
por el contrario, expresión de una izquierda autoritaria y
anacrónica, que usaba arteramente a la democracia para
implantar su modelo de dominio. Era una nueva forma de comunismo. Es *neocomunismo* (Casanova, 2011).

En efecto, ¿cómo llamar a un régimen que asume la lucha
de clases como base de la política, que incentiva el odio social, que sostiene que sólo el trabajo crea valor y es la única
fuente legítima de propiedad, que expropia arbitrariamente
activos y empresas privadas, que crea empresas estatales y
socialistas, que reniega del mercado y de la función empresarial, que aspira a controlar y planificar centralmente el
proceso económico, que crea un sistema de racionamiento y
de sometimiento social, que pretende acabar con la separación de poderes e instaurar un Estado unitario y comunal,
que rechaza el pluralismo y la alternancia en el poder, que
propende a un sistema de partido único, que crea milicias y
arma a colectivos sociales, que ideologiza a la Fuerza Arma-

da y la subordina a su proyecto político, que organiza comunas y consejos locales para el control social, que busca la hegemonía cultural, que aspira a crear al «hombre nuevo», que amenaza, reprime y encarcela a quienes se le opongan, que dice enfrentarse al imperialismo y al capitalismo mundial? Más aún, ¿cómo denominar a un régimen tutelado y apoyado directamente por la dictadura comunista cubana?

Otro asunto es que, como en toda experiencia socialista real, dentro y alrededor del Estado, haya surgido una poderosa y corrupta clase social integrada por civiles y militares. La *nomenklatura* la llamaron los soviéticos. Los «enchufados», decimos los venezolanos, para referirnos a las auténticas bandas delincuenciales que hoy gobiernan en el país.

Cabe preguntarse entonces: ¿fue *Chávez* un líder populista que entendió que los *Castro* le ofrecían la «franquicia» de un sistema de dominio que le permitiría mantenerse indefinidamente en el poder? ¿O estamos ante un proyecto neocomunista que, en una primera fase fue populista, dada la figura de *Chávez* y la abundancia de recursos con los que contó, y que luego, en una segunda fase, sin carisma ni dinero, se ha hecho represivo? ¿Hablamos, en al caso de Chávez, de *populismo de izquierda* o de *socialismo populista*? ¿Y qué pasa en el caso de *Maduro*? ¿No es evidente que el proyecto neocomunista continúa con él, aunque sostenido sólo por la fuerza y el miedo?

Es esencial, sostengo, no subestimar al *socialismo del siglo XXI* si se quiere entender lo que ha sucedido y sucede en Venezuela.

4. ¿REQUIERE LA DEMOCRACIA LIBERAL UN «MOMENTO» POPULISTA (O POPULAR) PARA SER RENOVADA?

La democracia liberal se halla en peligro. La desigualdad, el desempleo, la captura del Estado por grupos de intereses, la discriminación, la exclusión social, entre otros asuntos, mantienen agraviados a amplios y diversos sectores, en diferentes países. Varios actores políticos, siguiendo la lógica populista, intentan hoy dar forma, desde la izquierda o desde la derecha, al «pueblo» como sujeto político. El centro es descalificado desde ambos extremos pues se le considera el lugar donde nada ocurre, a excepción de la conservación del presente estado de cosas.

¿Pero es esto efectivamente así? ¿No representa ese centro el acuerdo social fundamental de la democracia liberal? ¿No es acaso importante preservarlo, deslastrándolo de vicios acumulados? ¿No consiste el reto actual de la democracia liberal en desmontar sistemas de privilegios y hacer real el valor de la igualdad?

Por otra parte, ¿no tiene algo que enseñarnos el populismo? Un liderazgo renovado que, en Venezuela, por ejemplo, lograse establecer una «cadena de equivalencias» entre las incontables protestas sociales, definiendo a la oligarquía socialista y a los «enchufados» como los principales responsables de la tragedia que sufre el país, ¿no estaría acaso generando una identidad popular? ¿No estaría creando un «momento populista» para rescatar, precisamente, a la democracia y a la libertad?

En definitiva, ¿no es necesario impulsar, en muchas de nuestras sociedades, un «momento populista» (o, popular, para evitar equívocos), pero de centro, para hacer renacer a la democracia liberal?

REFERENCIAS BIBLIOGRÁFICAS

Casanova, Roberto (2011). *Bifurcación: Neocomunismo o Libertad*. Caracas, Venezuela: La Hoja del Norte. Disponible en: http://historico.prodavinci.com/blogs/bifurcacion-neocomunismo-o-libertad-un-libro-de-roberto-casanova/

Mouffe, Chantal (2018). *For a Left Populism*. London, UK: Verso.

UNA VISIÓN DE CENTRO PARA LA RECONSTRUCCIÓN

Prodavinci | 19.01.2018

1. UN PAÍS POR RECONSTRUIR

1.1. La situación actual de Venezuela requiere, a quienes continuamos bregando por un mejor país, alternar la acción pública entre dos *modos*: el *modo rebeldía* que impulsa a rechazar, en cualquier contexto, a la dictadura que oprime, roba y empobrece, y el *modo reconstrucción* que incita a emprender la forja de un porvenir de libertad, justicia y prosperidad. No son modos excluyentes. De hecho, se precisan mutuamente. La lucha por desalojar del poder a la minoría usurpadora será fortalecida si se prefigura, con acciones y palabras, el futuro deseable. Pero ese futuro no llegará si esa rebeldía no tiene éxito hoy. Y aunque es cierto que en diversos contextos la reconstrucción empezará propiamente después de la dictadura, incluso allí el diseño de los cambios necesarios y el desarrollo de capacidades para materializarlos tienen que comenzar ahora.

1.2. Venezuela es un caso inaudito de una sociedad que, sin haber vivido un conflicto bélico, presenta los síntomas característicos de una posguerra. La capacidad destructiva del socialismo, agravada por la rapacidad, la arrogancia y la incompetencia de los grupos que monopolizaron el poder tiene en Venezuela un caso que pasará a los anales de la historia. El sufrimiento humano ocasionado por la revolución, en su intento de implantar un proyecto neocomunista, es inconmensurable y la tarea de la reconstrucción será enorme. Esta demandará lo mejor de los venezolanos: inteligencia, magnanimidad, fortaleza. También les exigirá claridad en el diálogo de las ideas.

2. LA VIGENCIA DEL DEBATE DOCTRINARIO

2.1. En ocasiones se argumenta que el país no necesita más diagnósticos y que las soluciones a sus problemas son evidentes, que no es tiempo de debates doctrinarias. Esto es un error. Basta preguntarse, solo como ejemplo, si acaso son equivalentes una política orientada a regular directamente el proceso económico a una política destinada a promover el orden macroeconómico y la libre iniciativa privada. O, de manera similar, si no hay diferencia entre una política social basada en una supuesta justicia redistributiva a una política social que ayude a las personas a desarrollar sus capacidades productivas. En estas opciones subyacen distintas visiones de la sociedad, de la economía, del Estado. En otras palabras, diferentes doctrinas económico y políticas.

2.2. En realidad, cada política pública o cada cambio institucional se apoya, inevitablemente, en una interpretación de la realidad, una valoración de prioridades, una escogencia de medios. El ejercicio del poder no es reducible a un asunto de técnicas y de gerencia. El debate entre doctrinas es una dimensión inseparable de la política. La política, en un sentido profundo, trata de la representación, difusión y evolución de visiones alternativas de la sociedad. Desde esta perspectiva es comprensible cómo una misma política pública puede parecer razonable o desatinada para diferentes sectores: ello depende de las visiones de las cuales tales sectores son portadores.

2.3. Una estrategia de reconstrucción para Venezuela puede inspirarse en la llamada economía social de mercado. Esta es la expresión de una doctrina más amplia que integra ideas provenientes de la ciencia económica, el derecho, la politología, la sociología, la filosofía y la moral. Esa doctrina fue llamada *ordoliberalismo* por algunos de sus creadores. Con tal término querían indicar que la libertad debe ser el valor fundamental en una sociedad moderna y que ella es compatible con la creación de un orden social próspero, justo y pacífico.

3. LA ECONOMÍA SOCIAL DE MERCADO

3.1. Un programa triple

El ordoliberalismo es, en primer lugar, un *programa moral* que asume a la dignidad y a la libertad como los valores esenciales a los que una sociedad civilizada debe aspirar. Los otros valores que también promueve –la propiedad privada, la responsabilidad individual, la paz social, la subsidiariedad y la solidaridad– se articulan de diversas formas con esos valores centrales.[27] Es

27 Se suele incluir a la «justicia social» como uno de los componentes del proyecto moral que constituye a la economía social de mercado. Ese es, sin embargo, un término equívoco. Basta aclarar aquí que, para la economía social de mercado, la justicia social no se basa en la creencia

una propuesta moral compatible con el sistema de los derechos humanos. El ordoliberalismo es, en segundo término, un *programa de investigación científica e histórica* que se caracteriza por su perspectiva sistémica. Concibe a la economía como un sistema basado en un conjunto de reglas –en parte diseñadas, en parte productos evolutivos– que sirve de marco a incontables decisiones individuales que generan un orden no diseñado por nadie en particular. Parte, además, de la idea según la cual la economía, como sistema, no es comprensible si no se considera su constante interacción con los otros sistemas de la sociedad: el político, el jurídico, el moral, el cultural, el ambiental. De allí su carácter interdisciplinario. El ordoliberalismo es, por último, un *programa político*, amplio y flexible, que puede ser adaptado, con la debida sensatez, a distintas realidades nacionales. Veamos algunos de sus postulados básicos.

3.1.1. *La competencia*

Solo una economía de mercado es compatible con la libertad de las personas y permite, por tanto, el despliegue de su capacidad creadora y de su espíritu emprende-

según la cual el enriquecimiento de una parte de la sociedad es la causa del empobrecimiento de otra parte de ella. En una sociedad moderna los ingresos son obtenidos por cada uno en un proceso dinámico que depende, en última instancia, de la valoración que haga la sociedad de los bienes que la persona produce o de los servicios que presta. En ese sentido, los ingresos no son repartidos sino ganados. Ello no significa que una elevada concentración de la riqueza no sea algo odioso para muchos o que no existan modos ilegítimos de enriquecerse. Ambos problemas pueden, evidentemente, comprometer las posibilidades de convivencia pacífica y de desarrollo de las sociedades.

dor. Esa es, claro está, una idea central de la economía
social de mercado. Pero –y he aquí una muestra de me‐
sura de esta doctrina– no es cualquier economía de
mercado de la que se habla. Se trata, específicamente,
de una economía en la que exista la mayor competencia
posible entre los agentes económicos o, lo que es igual,
en la que no existan monopolios ni carteles. En un mer‐
cado como ése la única forma de progresar es producien‐
do y haciendo cosas que los demás consideren valiosas.
Su surgimiento, sin embargo, no es algo que ocurrirá
enteramente por sí solo. Ha sido y será necesario que el
proceso político moldee el marco de instituciones dentro
del cual se desenvuelva el proceso económico. Institu‐
ciones surgidas de la evolución histórica (como la pro‐
piedad privada) tienen que ser así complementadas con
otras conscientemente diseñadas (como la política anti‐
monopólica). Esta «Constitución» económica busca ase‐
gurar a cada uno un ámbito de acción propio y la posi‐
bilidad de descubrir y aprovechar oportunidades en el
entorno. La competencia, cabe agregar, no es un princi‐
pio que debe aplicarse solo a los actores privados y bien
puede extenderse a la prestación de diversos servicios
gubernamentales (salud, educación, seguridad social,
etc.). Así, el ciudadano, beneficiario del financiamiento
público, sería empoderado y tendría libertad para ele‐
gir el proveedor que le preste el mejor servicio.

3.1.2. *La estabilidad económica*

La economía social de mercado sostiene que el esfuer‐
zo por crear un orden de competencia será inútil si no se
garantiza la estabilidad del valor del dinero. El logro de

tal objetivo requiere sustraer de los gobiernos el poder para cubrir sus requerimientos financieros mediante la emisión de moneda. Todo gobierno es propenso, sea por falta de visión o por irresponsabilidad, a claudicar ante esa incitación y deben crearse las barreras institucionales para evitarlo. Este es un principio hoy ampliamente compartido y no es casual que la inflación, tan vieja como el poder gubernamental sobre el dinero, haya sido controlada en la mayoría de los países. De cualquier modo, es importante entender que la inflación es más que un problema monetario. Es también un problema fiscal y, en última instancia, político. Los gobiernos que dependen críticamente del gasto para mantener su legitimidad y/o el apoyo de grupos de intereses pueden verse impulsados, agotadas o seriamente limitadas sus otras fuentes de financiamiento, a acudir al financiamiento monetario para cubrir sus déficits. Y ello siempre ha tenido nefastas consecuencias en las condiciones de vida de la población.

3.1.3. *La inclusión social*

La economía social de mercado sostiene también que la dinámica de un mercado competitivo puede dejar al margen a personas o grupos. En tal sentido, las personas son pobres, en la mayoría de los casos, por estar excluidas, no por ser explotadas. Es importante, además, trascender la visión de la pobreza como un asunto solo relativo a bajos ingresos o pocos activos. ¿Cómo puede lograrse entonces la superación de la pobreza? Expresado en forma concisa: ayudando a las personas a desarrollar sus capacidades y promoviendo oportunidades para que puedan ejercerlas de acuerdo con sus planes particulares. En tal sentido, la sociedad y el Estado deben hacer lo requerido para que todas las personas disfruten de las mínimas condiciones para vivir dignamente, adaptándose a un entorno económico en constante cambio. Pero según la economía social de mercado ello debe hacerse –otra muestra de sensatez– de tal manera que, en sintonía con el principio de subsidiariedad, las personas desarrollen y mantengan capacidades productivas que les permitan responsabilizarse de sus vidas (a menos que sean afectadas por circunstancias adversas cuya ocurrencia no puede atribuírseles).

3.1.4. *La productividad como eslabón*

La productividad y su constante crecimiento es un factor clave para entender la propuesta de la economía social de mercado. Solo una economía competitiva impulsa a las empresas a ser cada vez más productivas, disminuyendo sus costos y sus precios relativos. El principal beneficiario de esa dinámica es, desde luego, el consumidor, es decir, todos (esta es, de hecho, una de las razones para calificar como «social» a una economía de mercado competitiva). Ahora bien, empresas cada vez más productivas pueden ofrecer empleos de creciente calidad y mejores remuneraciones. Estos empleos serán ocupados por personas con mayores capacidades productivas. Personas mejor remuneradas expandirán los mercados y las oportunidades para el emprendimiento. El mayor dinamismo de una economía como ésta le hará capaz de generar la masa de impuestos necesaria para financiar, por una parte, los bienes públicos que impulsen aún más la actividad económica y, por la otra, una política social que hagan más productivas a las personas. Dentro de este círculo virtuoso el crecimiento de la productividad es, pues, el eslabón que une el crecimiento económico y el bienestar social.

3.1.5. *El cuidado del ambiente*

El énfasis que se coloca en la productividad puede conducir al «productivismo», desconociéndose los efectos desfavorables del crecimiento de la economía sobre otras dimensiones de la vida social y sobre el entorno. Los aspectos ecológicos, en particular, han sido ampliamente considerados por la economía social de mercado. Al respecto, su posición es que vivimos una crisis ambiental (y se equivocan quienes lo niegan) pero no se trata de una crisis apocalíptica (y exageran quienes así lo plantean). Frente a tal crisis es necesaria la participación del Estado, de las empresas y de la sociedad en general. La relación armónica entre mercados y ecosistemas es posible si se crea un marco institucional adecuado y se diseñan políticas públicas apropiadas. En muchas ocasiones la correcta asignación de derechos de propiedad permitirá resolver los problemas de sobre explotación de bienes públicos. Algo poco sorprendente, pues los bienes que no son poseídos por alguien en particular, individuo o grupo, suelen recibir poco cuidado. En los casos en que tal asignación de derechos de propiedad no sea viable es necesario que la regulación estatal exija a los particulares que internalicen en sus costos el impacto que su acción tenga sobre el ambiente. De cualquier modo, la solución del problema ambiental va más allá de arreglos institucionales y políticas públicas y el desarrollo de una mayor conciencia ecológica en la ciudadanía es imprescindible.

3.1.6. *El poder y la captura de renta*

La importancia que la economía social de mercado otorga a la libertad le lleva a considerar cuidadosamente la problemática del poder. La amenaza a la libertad aparece con mayor fuerza, como es obvio, cuando el poder se concentra en pocas manos. La competencia, clave de ese equilibrio, puede ser falseada o limitada. También lo pueden ser los diversos programas que normalmente ejecuta un Estado. Por ello uno de los temas centrales del ordoliberalismo es el equilibrio en la distribución del poder. Debe prestarse especial atención a cómo lograr que instituciones políticas y económicas no sucumban ante la presión de grupos de interés y sirvan genuinamente a la ampliación de las posibilidades de acción de los ciudadanos. La noción de instituciones «extractivas» es reciente y diversos autores consideran el fenómeno que dicha noción describe como la causa cardinal del fracaso económico de los países. Pero hace mucho tiempo los fundadores de la economía social de mercado ya habían señalado la perversión que significaba la captura del Estado por los grupos de poder y la necesidad de enfrentarla con firmeza.

3.1.7. *La democracia y sus límites*

Una sociedad es plural cuando los distintos poderes (político, económico, religioso, cultural, etc.) no se acumulan en las mismas manos. En una sociedad como esa resulta difícil que grupos de poder sean capaces de mantener un sistema de opresión duradero sobre el resto de los ciudadanos. Por otra parte, en una sociedad plural es improbable que una mayoría pueda adoptar medidas discriminatorias ni crear privilegios de ninguna naturaleza. Este hecho puede entenderse como una limitación a la voluntad de la mayoría. Y efectivamente lo es. Nada puede ser realmente ilimitado en materia política. En una democracia lo más importante es que los ciudadanos no estén sometidos a un poder superior y arbitrario y que puedan obligar a sus gobernantes a actuar con apego a principios que garanticen la libertad. Solo un Estado que establezca, a la vez, la libertad y la responsabilidad de los ciudadanos puede hablar legítimamente en nombre del pueblo, plantea el ordoliberalismo.

3.1.8. *Cultura y capital social*

Una economía social de mercado no funcionará igualmente bien en cualquier contexto social. La valoración social del trabajo, el sentido de continuidad y del ahorro, el respeto a la propiedad ajena, el deseo de autonomía y el manejo de la incertidumbre, la responsabilidad y la honradez, entre otras actitudes, son esenciales para garantizar el buen desempeño de esa economía. Es difícil imaginar que ella pueda operar adecuadamente sin el llamado «capital social», es decir, la mutua confianza que nace de la disposición de las personas a comportarse con decencia y responsabilidad. El mantenimiento y desarrollo del civismo y del espíritu comunitario es pues otra de las preocupaciones de la economía social de mercado. No es un asunto que simplemente relegue a otras esferas del pensamiento social y de la acción política.

3.2. Un nuevo humanismo. La economía social de mercado tiene, como puede apreciarse, profundas raíces humanistas. En su fundamentación se encuentra una visión realista pero esperanzada del hombre, una antropología filosófica en conexión con una opción moral. No es casual que varios de los pensadores que le dieron forma se inspiraran en sus convicciones cristianas, tanto católicas como protestantes. Aunque en realidad ella puede asociarse, sin dificultad, a filosofías sociales seculares que también colocan al ser humano en el centro de sus reflexiones y prácticas. La economía social de mercado no es, al fin y al cabo, una doctrina confesional.

3.3. Desde esta perspectiva moral, teórica y política, la economía social de mercado ofrece un conjunto de postulados estratégicos: equilibrar el poder en nuestras sociedades, liberar al Estado y a la economía de la captura de renta, garantizar la estabilidad macroeconómica, promover las capacidades productivas individuales, incentivar la competencia y el emprendimiento, ofrecer oportunidades educativas a todos, apoyar solidariamente a los sectores rezagados, proteger el ambiente, dialogar públicamente sobre los asuntos colectivos. Estos son postulados que pueden ser ampliamente compartidos. Ellos resuenan favorablemente en quienes defienden la libertad y el emprendimiento, pero también en quienes se preocupan por la pobreza y la desigualdad. Resulta evidente que la economía social de mercado se caracteriza por su carácter centrista.

4. EN EL DEBATE DE LAS IDEAS

4.1. Las nociones de izquierda y derecha han sido objeto, durante mucho tiempo, de largos e intensos debates. Hoy es común escuchar que tales nociones perdieron vigencia, si es que alguna vez la tuvieron. Se afirma que ellas corresponden a idearios rígidos (que no pueden adaptarse a las diferentes sociedades), insuficientes (que dejan de lado asuntos relevantes) o superados (que pueden ser integrados, en parte, en otras visiones). Estas afirmaciones, sin embargo, contrastan con el uso generalizado que de tales nociones se continúan haciendo. Izquierda y derecha siguen siendo útiles en la política. En realidad, estos términos permiten aún distinguir posiciones sobre temas relevantes. Ello aplica no solo a viejos temas sino también a nuevos problemas. La crisis ecológica, por ejemplo, no es un asunto «transversal» que no encaje en la distinción entre izquierda y derecha: no resulta difícil identificar una ecología de izquierda y una de derecha. Los términos en cuestión no son pues «cajas vacías» que, en cada contexto histórico, puedan ser llenadas con cualquier contenido (a pesar de que estos contenidos efectivamente hayan variado a lo largo del tiempo: a fines del siglo XVIII el liberalismo era izquierda que se oponía al conservadurismo monárquico, de derecha).

4.2. En términos muy estilizados puede decirse que, hasta el presente, las posiciones de izquierda enfatizan el valor de la igualdad, acusan al mercado de generar pobreza y desigualdad, plantean la necesidad de la intervención del Estado para regular a la economía y para redistribuir la riqueza. Las posiciones de derecha, por su parte, privilegian la libertad y la propiedad privada, afirman que la desigualdad es inherente a la condición humana y solo aceptan como posible la igualdad ante la ley, acusan al Estado de ser fuente de distorsiones e inequidades y proponen limitar su ámbito de acción. Existen, desde luego, matices dentro de estas posiciones. Hay una izquierda, que no niega al mercado, aunque lo subordine a la acción estatal; esta posición contrasta con otra izquierda que aspira a eliminar la propiedad privada e instaurar la planificación centralizada. De modo semejante, dentro de la derecha existen diferentes posiciones con respecto al Estado, desde quienes proponen un Estado mínimo, limitado a funciones policiales y de seguridad, hasta un Estado limitado que debería tener también responsabilidades en materia social. Tanto en la izquierda como en la derecha hay defensores de la democracia y de la autocracia. Hay también nacionalistas en uno y otro extremo. En realidad, dadas estas diferencias, quizás resulte mejor hablar siempre de derechas e izquierdas, en plural. Aun así, el núcleo de ideas que las distingue sigue teniendo validez.

4.3. Las sociedades son siempre más complejas que las doctrinas que creamos para interpretarlas y actuar en ellas. En la defensa de la libertad ha sucedido que se haya prestado poca atención a la concentración del poder económico y éste haya acabado estrechamente asociado al poder político. Se han generado así instituciones excluyentes y, en casos extremos, la búsqueda de la libertad económica ha conducido a su negación en lo político. Ha ocurrido incluso que regímenes que se declaran liberales han establecido políticas nacionalistas y proteccionistas, negando la libertad que decían defender. De modo semejante, gobiernos de izquierda han ocasionado, en procura de la igualdad, el crecimiento del Estado, la violación de la propiedad privada y de la libertad, el surgimiento de castas dominantes. Así, posiciones de izquierda y de derecha han acabado concentrando el poder en manos de algún sector, promoviendo la captura de renta y violentando la libertad. En la práctica, dichas posiciones han parecido girar en torno a la disputa por el poder. ¿Quién debe mandar en una sociedad, el poder económico privado o el poder de las élites que ocupan al Estado?, parece ser la pregunta cuya respuesta las ha enfrentado.

4.4. La economía social de mercado defiende la libertad y la propiedad privada (algo que la haría de derecha), pero entiende que la desigualdad es fuente de conflictos y debe ser enfrentada (lo cual la haría de izquierda). Para el logro de ambos objetivos propone, ante todo, garantizar la competencia, expresión de la libertad para elegir. Asume que la competencia es un medio no solo para el logro de objetivos económicos como el crecimiento o la eficiencia, sino también (y, quizás, principalmente) un medio para frenar el poder de agentes y organizaciones económicas. Por otra parte, reconoce que la competencia en el mercado conlleva siempre el surgimiento de desigualdades, pero que estas, lejos de ser perjudiciales para el bienestar, son expresión del dinamismo y progreso de la economía. De cualquier modo, este tipo de desigualdad puede y debe ser minimizado mediante una política social subsidiaria que ayude a las personas a desarrollar y actualizar sus capacidades productivas, laborando así en empleos de creciente calidad. Pero la economía social de mercado advierte sobre otro tipo de desigualdad, la asociada al poder y sus privilegios. Un reto es entonces dar forma a instituciones justas, al servicio del interés general. Un Estado no capturable no será fuente de desigualdades y podrá centrarse en el cuidado de la competencia y en el desarrollo de las capacidades productivas de la gente. Así, en síntesis, una economía de mercado puesta al servicio del equilibrio social debe impedir al poder político ser una fuente de privilegios, debe suprimir las estructuras monopólicas y debe hacer prevalecer en todos los casos la libertad. Se ve pues que el centrismo de la economía social de mercado descansa en sólidos postulados y dista de ser expresión de simple pragmatismo.[28]

28 Diversos autores defienden hoy ideas muy cercanas a las de la economía social de mercado, al parecer sin saber de ella. En un libro relativamente reciente, por ejemplo, se puede leer: «En una economía socialista, el sistema político controla los negocios; en un sistema capitalista de compinches, las empresas controlan el proceso político. La diferencia

4.5. La economía social de mercado es crítica de lo que puede llamarse capitalismo *rentista*, producto del intervencionismo estatal y de la acción de los grupos de interés. Rechaza también al socialismo, inevitablemente estatista, que hoy mantiene maniatadas a sociedades como la cubana o la venezolana, y que pretende ser la única forma de mejorar las condiciones de vida de los sectores populares. Se distingue, asimismo, del llamado neoliberalismo y de la indiferencia que este ha demostrado, en diversos países, por los aspectos sociales y políticos del desarrollo.

5. ANTECEDENTES DE UNA DOCTRINA

5.1. La economía social de mercado permitió la extraordinaria recuperación económica de Alemania Occidental, finalizada la Segunda Guerra Mundial. Ella se convirtió, en su momento, en una opción doctrinal para quienes no se identificaban con un liberalismo permisivo que no quiso o no pudo hacer frente a la concentración del poder económico, por una parte, ni con el totalitarismo (tanto comunista como fascista) y su temible concentración del poder político, por la otra. La economía social de mercado surgió como una manera concreta de combinar la libertad y el bienestar de las personas con un orden

es mínima: en cualquier caso, la competencia no existe y la libertad se reduce. Sin competencia, la vida económica se convierte en injusta, favoreciendo a los conectados. La competencia es el ingrediente mágico que hace que el capitalismo funcione para todos» (Zingales, Luigi. *A Capitalism for the People: Recapturing the Lost Genius of American Prosperity*, USA: Basic Books. 2014).

político orientado a evitar la acumulación de poder de cualquier naturaleza. Y aunque la propia Alemania se haya alejado algo de estas ideas, la economía social de mercado permanece como una valiosa referencia.

5.2. En su momento, la economía social de mercado fue calificada como una «tercera vía». Esta fue, sin embargo, una idea poco afortunada. Muchos entendieron que ella promovía una economía de mercado, pero intervenida por el Estado. Fue necesario que algunos pensadores ordoliberales precisaran que, en realidad, no existía una alternativa a una economía de libre mercado que no fuese alguna forma de colectivismo. Para ellos el dilema entre libertad y opresión era fundamental y no debía ser minimizado. Pero todavía hay quien piensa hoy que la economía social de mercado está a mitad de camino entre el liberalismo y el socialismo. Es un error que nace del abuso del término por otras doctrinas, como la socialdemócrata. La economía social de mercado promueve, sin reservas, un sistema económico de libre mercado y competitivo. Mantiene que el gobierno debe ayudar a perfeccionar ese sistema mediante adecuadas reglas: su función no es intervenirlo o sustituirlo. La economía social de mercado, en su versión originaria, no es intervencionista.

5.3. La economía social de mercado no constituye un cuerpo intelectual cerrado. No es el «modelo alemán» a copiar, sino una manera de acercarse, a partir de determinados valores políticos, con prudencia y con sentido de la interdependencia social, a los diversos problemas económicos de cada realidad nacional. Se podría, incluso, invertir la relación y afirmar que fueron los alemanes quienes, recuperando la sensatez, arribaron a esas ideas, tal como lo han hecho luego, en otras circunstancias, distintas sociedades. La economía social de mercado es, en definitiva, economía de sentido común y el ordoliberalismo, un liberalismo sensato. Por ello no sería sorprendente que muchos compartiesen esa doctrina sin saber de su existencia.

«BIFURCACIÓN»
PRÓLOGO A LA EDICIÓN DIGITAL

Prodavinci | 03.07.2017

Esta es una versión digital y gratuita del libro impreso en el año 2011, bajo el sello *La Hoja del Norte*. No es pues, en sentido estricto, una nueva edición, aunque sí he aprovechado la ocasión para realizar, por aquí y por allá, algunos cambios. De éstos, tal vez el más llamativo sea el subtítulo de la obra. Éste era originalmente *Entre una visión neocomunista y una visión creadora* y lo he sustituido por *Neocomunismo o Libertad*, el cual me parece más preciso y oportuno.

Creo necesario hacer tres comentarios en ocasión de publicar esta versión del libro. Primero, sobre la vigencia de sus contenidos. Segundo, sobre algunos aspectos de método. Tercero, sobre la relación entre visiones y política.

1.

Un camino que se bifurca es una imagen sugerente. Nos habla, en abstracto, de opciones y dilemas. Nos dice que ante una bifurcación se tienen tres opciones. La primera es regresar por el camino del cual se proviene. Las otras son avanzar por alguno de los dos caminos que se abren ante nosotros.

Los venezolanos estamos, desde hace algún tiempo, según pienso, en un punto de bifurcación. El conflicto que hoy nos desgarra es, entre otras cosas, un conflicto entre visiones.

Nos debatimos entre tres diferentes concepciones de la libertad, la igualdad, la solidaridad o la justicia, así como de la economía, el Estado, la sociedad, la política o la historia.

La visión que nos ata al pasado es la visión que he llamado *demorrentista*, basada en la creencia de ser un país rico cuyo problema central es de carácter distributivo. Las dos visiones nuevas –aunque tienen antiguos antecedentes– serían la visión *neocomunista* y la visión *creadora*. La primera, basada en la idea de la lucha de clases como principio rector de la historia, es parte esencial de la «franquicia» castrista y es impulsada por una parte de la élite dominante, pues se adecúa muy bien a sus pretensiones de mantener el poder de forma indefinida. La segunda propone nuestra conversión en una sociedad libre y plural, orientada a la realización de nuestros derechos humanos y de nuestro potencial productivo. Esta visión *creadora* es compartida, según pienso, por un creciente número de personas que aspira a desligarse tanto de nuestro tradicional rentismo como del comunismo castrista.

Hace seis años intenté sistematizar y comparar aquellas dos «nuevas» visiones. Sostuve, como otros también lo han hecho, que el futuro de Venezuela estaría configurado por el predominio de una de ellas. Sigo pensando lo mismo.

El llamado socialismo del siglo XXI se ha hecho abiertamente dictatorial y reprime, encarcela y asesina a quienes se le oponen, al tiempo que se aleja del conjunto de los países democráticos. Debo decir que el derrotero seguido por este modelo *cubanófilo* estaba contemplado en esta obra. En tal sentido, su lectura quizás ayude al lector a caracterizar adecuadamente al régimen, al entender sus postulados, sus fines últimos y sus estrategias.

Por otra parte, entre los sectores demócratas se ha ido produciendo, desde hace algunos años, una convergencia de opiniones. Términos como Estado promotor y regulador, competencia y productividad, capacidades y oportunidades, apertura y descentralización, por citar solo algunos, se encuentran en el discurso y propuestas de diversos actores políticos, sociales y económicos. A pesar de matices importantes, existe un creciente consenso en torno a una visión que ha recibido variados nombres. Yo la denominé visión *creadora*.

Al respecto debo decir que, desde la publicación de *Bifurcación,* mis ideas sobre la economía, la política y la sociedad han evolucionado. En este sentido, hace poco más de un año publiqué otro libro que titulé *Libertad, emprendimiento y solidaridad: 10 lecciones sobre economía social de mercado.* Este segundo libro estaba ya contenido, como esbozo, en éste que ahora es publicado de nuevo. Se trata de dos momentos de la búsqueda intelectual y práctica de una visión *centrista,* una visión que pueda ser compartida por los sectores moderados del espectro político. Así pues, en mi búsqueda la *visión creadora* que aquí presento ha evolucionado hacia la *economía social de mercado.*

2.

Una *visión* puede ser definida, a grandes trazos, como un conjunto de postulados, de creencias y de valores relativos al pasado, el presente y el futuro de una sociedad. Una visión no es entonces un programa de gobierno, aunque éste suele ser expresión de aquélla. No es tampoco una «narrativa», la cual concierne a la forma en que una visión es políticamente comunicada.

Pero ¿corresponde ese concepto de «visión» a algo que realmente existe en nuestras mentes? Es una pregunta que legítimamente puede hacerse. Si hago un ejercicio *introspectivo* mi respuesta es afirmativa: tengo una visión de la sociedad. Incompleta, imprecisa, perfectible, pero la tengo. El lector también podría concluir, supongo, algo semejante. Si revisamos, además, la obra de diversos autores encontraremos que muchos han desarrollado sistemáticamente sus visiones de la sociedad. Ello, en principio, nos permite responder afirmativamente a aquella pregunta.

Pero el problema al que apunto es algo más complejo. ¿Existen visiones *compartidas* de la sociedad? En un sentido, las visiones son tan innumerables como las personas que las portan. ¿Qué significa entonces *compartir* una visión de la sociedad? Puede argumentarse que, aunque muchas visiones personales puedan diferir entre sí en diversos aspectos poseen un mismo *núcleo* de contenidos. Mi hipótesis es, de hecho, como se verá, que cada visión posee un *código binario* que le otorga identidad y la hace operativa. Dejaré aquí este asunto conceptual, sin embargo, y destacaré, más bien, otro problema de método: ¿Cómo saber si, efectivamente, existe ese *núcleo compartido* entre las visiones que muchas personas tienen?

Las maneras para responder a esa interrogante son variadas. Van desde un amplio proceso de diálogo hasta investigaciones de opinión pública y estudios cualitativos, pasando hoy por el análisis de contenidos en las redes sociales. Más ¿se trata de un asunto solo alcanzable mediante el método *inductivo*? Es decir, ¿solo hablando, entrevistando o haciendo «minería» de datos arribaremos a la identificación de las visiones de la sociedad que las personas comparten? Es posible y algunos investigadores lo han intentado. Pero existen otras opciones.

En mi trabajo he tratado de identificar visiones comunes a través del estudio del pensamiento de diversos autores, expertos y líderes, expresado en libros, artículos, documentos o entrevistas. Las visiones *demorrentista, neocomunista* y *creadora* que aquí presento son, entonces, constructos o hipótesis cuya existencia como visiones compartidas, a nivel de la población en general, debe ser comprobada, si se desea ser riguroso desde la perspectiva del método hipotético deductivo. Estoy consciente, en definitiva, de que este libro es solo un ensayo que se halla en la mitad del camino que debe transitar una investigación propiamente científica sobre el tema.

3.

El proceso político y la reflexión doctrinal se han distanciado, en apariencia, desde hace algún tiempo. Algunos atribuyen tal hecho a las tendencias pragmáticas de los actores políticos quienes, en la disputa por el favor de votantes ubicados a lo largo de todo el espectro doctrinal, adoptan posiciones ambiguas o, incluso, contradictorias. Otros argumentan que algunas visiones, descalificadas como simples ideologías, sencillamente fracasaron mientras otras no logran dar cuenta satisfactoriamente de un mundo cada vez más complejo.

Cualquiera fuese el caso pienso que la política no puede ni debe hacerse prescindiendo de las visiones de la sociedad. Es un error suponer que el debate entre éstas puede ser completamente sustituido por el establecimiento de hechos científicos. La ciencia, a lo sumo, puede definir la validez o no de ciertos postulados específicos, pero es incapaz de crear una «verdadera» visión, científica y moralmente incontrovertible. En cada política pública o en cada cambio institucional subyacen, inevitablemente, una interpretación de la realidad, una valoración de prioridades, una escogencia de medios. El ejercicio del poder no es reducible, en definitiva, a un asunto de técnicas y de gerencia. Al hacerlo puede resultar incomprensible, por ejemplo, cómo una misma política pública puede parecer razonable o desatinada para diferentes sectores. La explicación está en las visiones de las cuales tales sectores son portadores.

El debate entre visiones debe ser pues una dimensión inseparable de la política. La política, en un sentido profundo, debe tratar de la representación, difusión y evolución de visiones alternativas de la sociedad.

Es algo cuya importancia los venezolanos estamos descubriendo en este difícil momento de nuestra historia, en este punto de bifurcación.

MANIFIESTO VENEZOLANISTA[29]
HACIA EL RENACIMIENTO NACIONAL

07.2017

I. UN PUEBLO EN REBELIÓN DEMOCRÁTICA

Centenares de miles de personas protestamos, desde hace meses, en las calles de Venezuela y del mundo. Nos hemos convertido en un *pueblo en rebelión democrática* ante una minoría cívico-militar articulada alrededor de la mentira, la corrupción y la injusticia. Esa minoría pretende hoy consumar la creación de un proyecto de dominio total que le permita continuar realizando uno de los mayores saqueos que nación moderna alguna haya sufrido.

Pero nuestra rebelión constituye, en verdad, la fase terminal de una protesta que se ha mantenido durante varios años y que se manifiesta, con más fuerza que nunca, a partir del *golpe de estado continuado* que aquella minoría, rechazada por la mayoría de los ciudadanos, adoptó como curso de acción ante el miedo de medirse en *elecciones libres y justas*.

La respuesta del régimen ante la protesta sostenida ha sido, por una parte, una despiadada represión que ha generado

---

29 Este texto es el último borrador de un manifiesto que un grupo de dirigentes pertenecientes a varias organizaciones políticas consideró necesario presentar al país en el año 2017. La redacción estuvo a cargo del autor de este libro, en estrecho intercambio de ideas con dichos dirigentes a lo largo de varias semanas. Por razones diversas el manifiesto no alcanzó su versión definitiva ni fue lanzado.

un espantoso saldo de asesinatos, agresiones y encarcela-
mientos; por otra parte, el avance en sus planes institucionales espurios. Todo ello, sin embargo, lejos de disuadirnos,
nos incita a mantener con más bríos nuestra rebelión.

¿Qué energía nos mueve para que forjemos en nuestras calles lo que, sin duda, ya es un hito en nuestra historia republicana? Dos consignas resumen hoy nuestras aspiraciones:
*¿Quiénes somos? ¡Venezuela! ¿Qué queremos? ¡Libertad! y ¡Y
no! ¡Y no! ¡Y no me da la gana una dictadura igualita a la cubana!* Con tales consignas afirmamos lo que queremos, la libertad, y negamos lo que no queremos, una dictadura de corte comunista.

En un sentido esencial nuestra lucha actual tiene una larga historia: es la lucha por lograr vidas dignas y libres. Durante mucho tiempo nos hemos esforzado por reconocernos
y materializar derechos que nos permitan forjar autónoma-
mente nuestro futuro, con oportunidades para progresar y
sin imposiciones arbitrarias por parte de quienes ejercen el
poder. Esta es también la lucha contra los privilegios, generadores de inequidad e injusticia social. Esa búsqueda
está en nuestra génesis como República y a lo largo de nuestra historia hemos aprendido que sin justicia dejaríamos de
ser realmente un pueblo para devenir en facciones y muche-
dumbre desarticulada.

Constituye entonces un grave error interpretar lo que sucede hoy en Venezuela como un capítulo más del conflicto entre gobierno y oposición. Lo que vivimos es, en realidad, el
enfrentamiento entre un pueblo consciente de sus derechos

y un grupo, despótico, nepotista y corrupto, que trata de empotrarnos dentro de una nueva forma de dictadura marxista y militarista.

Nos hemos alzado, pues, sin armas, pero con coraje, para defender el ideal de una sociedad en la que todos podamos vivir y progresar, con dignidad y libertad.

II. LA VENEZUELA QUE DESEAMOS

¿Cómo será el país futuro que queremos alcanzar y que hoy nos da esperanza? Es, en realidad, un país que ha existido desde hace mucho tiempo, pero como posibilidad solo parcialmente lograda.

Deseamos y luchamos por vivir en *una verdadera República*, justa y democrática, dentro de la cual todos podamos desarrollar libremente nuestras capacidades y disfrutar de oportunidades para progresar espiritual y materialmente.

En ese país por construir nuestras inevitables diferencias serán resueltas pacíficamente y las acciones desleales de minorías antidemocráticas, de cualquier signo, serán enfrentadas decididamente, en el marco del Estado de derecho.

Nuestros servicios públicos y, en especial, la salud y la seguridad personal, funcionarán eficientemente; nuestra educación será la mejor posible y todos tendrán acceso a ella; nuestros ambientes serán saludables y disfrutaremos de una excelente calidad de vida.

En ese país futuro el Estado responderá verdaderamente al interés general y no tendrá «tomacorrientes» para evitar que, nuevamente, una casta de «enchufados» pretenda prosperar mediante el tráfico de influencias y la corrupción. Dejaremos atrás al *rentismo*.

Nuestro potencial será entonces desarrollado en empleos productivos y gratificantes; nuestro talento nos hará emprender actividades generadoras de bienes socialmente valorados; nuestra capacidad de consumo se expandirá constantemente, ante una oferta variada y asequible de productos y servicios; nuestra creatividad artística, intelectual y deportiva florecerá como nunca.

Los recursos que legítimamente obtengamos y las propiedades que adquiramos nos darán estabilidad y bienestar; nuestro retiro, luego de una vida de trabajo y esfuerzo, será tranquilo y digno.

Los deberes ciudadanos –como el pago de impuestos, la participación política o el voluntariado– serán asumidos por la mayoría de los venezolanos, con clara consciencia del bien común.

De igual modo, los problemas globales serán considerados como propios y cooperaremos activamente, a nivel internacional, en el diseño y ejecución de soluciones conjuntas.

Venezuela, en fin, será de nuevo un destino para inmigrantes, muchos compatriotas retornarán y nuestro gentilicio nos colmará de auténtico orgullo.

Estamos convencidos de que un país como ese es posible, si hacemos lo necesario para alcanzarlo. El primer paso en esa tarea colectiva es comprender qué hemos hecho mal y qué hemos hecho bien hasta ahora. Sin aprendizaje de nuestra historia correremos el riesgo de perder el camino hacia la Venezuela que queremos.

III. UN BALANCE DEL PROGRAMA DEMOCRÁTICO

El balance del largo período democrático –comprendido entre la caída de la penúltima dictadura, la de Pérez Jiménez, y la llegada de la revolución chavista al poder– debe ser realizado con mesura.

En ese lapso hubo indudables y significativos avances en la prestación de servicios de educación y salud; en la creación de una importante infraestructura vial, hidráulica y eléctrica; en el desarrollo de los sectores industrial, agrícola y de servicios; en la expansión urbana y la construcción de viviendas. En esos tiempos nuestra democracia nos permitió resolver pacíficamente nuestras diferencias y las instituciones del Estado funcionaban. Nuestro crecimiento económico fue, durante décadas, uno de los más altos del mundo y la inflación, una de las más bajas. Ciertamente sería ceguera o mezquindad restar méritos a lo logrado por los venezolanos a lo largo de aquellos años.

Es necesario reconocer, sin embargo, que también durante ellos la sociedad se hizo aún más dependiente de los ingresos por exportaciones petroleras. En efecto, el carácter *rentista* que nuestra sociedad adoptó durante las primeras décadas del siglo XX se exacerbó con la bonanza petrolera de los años 70, en el marco de una visión *estatizante* de la economía. Esto tuvo diversas y negativas consecuencias. Convirtió a la *captura de renta* en mecanismo de enriquecimiento para innumerables y diversos grupos de interés, restó competitividad a otros sectores productivos, hizo inestable a nuestra actividad económica. Nuestro Estado devino en un Estado *centralizado* y *de partidos*, al tiempo que la sociedad se obnubiló por la riqueza fácil y por la ausencia, supuesta, de los conflictos padecidos por otras naciones.

Así, la concentración del poder, la desigualdad social y la corrupción hicieron que la democracia venezolana fuese perdiendo credibilidad ante muchos. Salvo excepciones, los sectores dirigentes de esa época –en la política, en la economía, en la sociedad–, no fueron capaces de impulsar la superación de un sistema de complicidades del cual formaban parte. Algunos intentos de transformación fueron insuficientes, mal comprendidos o enfrentados por grupos privilegiados.

El genuino deseo de cambio que muchos sectores sentían, lamentablemente imbuido de fuertes posiciones antipolíticas, abrió entonces una oportunidad para el surgimiento de nuevos liderazgos. La llegada de Hugo Chávez al poder –por la vía democrática y no por la fuerza– y la aprobación, en 1999, de una nueva Constitución, constituyeron, sin duda, una esperanza para amplios sectores sociales.

Pero esta esperanza fue defraudada en el transcurso de los siguientes años.

IV. LA ESTAFA DEL SOCIALISMO DEL SIGLO XXI

La llamada *revolución bolivariana* vino a capitalizar el deseo de cambio de muchos sectores, aunque por distintas razones: orden, reconocimiento, oportunidades. La revolución, sin embargo, pronto demostró su naturaleza antirrepublicana y antidemocrática.

Los formidables recursos provenientes del auge de los precios de petróleo permitieron al régimen, durante algunos años, aumentar significativamente el gasto público. Ello se tradujo, ciertamente, en un crecimiento de los ingresos reales de los sectores más pobres de la población. Sin embargo, esta bonanza era insostenible, dada la naturaleza del régimen.

Luego de tantos planes, leyes y políticas adoptadas por el régimen, ya no caben dudas: el socialismo del siglo XXI ha sido una mutación de la vieja visión comunista, financiada con abundantes recursos petroleros y basada en prácticas clientelares. Esto significó un colosal extravío histórico. Políticas controladoras y expropiatorias que han mostrado, en reiteradas ocasiones, en diferentes épocas y lugares, su incapacidad para generar estabilidad, desarrollo y equidad, fueron adoptadas como si se tratase de innovaciones revolucionarias. El emprendimiento fue cercado, la política devino en conflicto permanente, las instituciones fueron desmanteladas. Los resultados de este nuevo experimento comunista fueron los mismos de siempre.

La revolución despilfarró así, en medio de la ineficiencia y la corrupción generalizadas, no solo los enormes ingresos petroleros sino también los derivados de un descontrolado endeudamiento público. Nuestros problemas de fondo no fueron resueltos y, de hecho, se agravaron, al tiempo que otros nuevos aparecieron. Entre ellos: la destrucción del aparato productivo y de nuestra principal industria, Petróleos de Venezuela; la escasez de productos esenciales y la mayor inflación del planeta; la reaparición de enfermedades endémicas y el aumento de la deserción escolar; el enorme crecimiento de la deuda pública y la profundización de la dependencia del petróleo; el personalismo y el militarismo; la descomposición de las instituciones y el surgimiento de mafias de corrupción y narcotráfico enquistadas en el Estado; la perversión de nuestra democracia, la discriminación política y la intolerancia entre venezolanos.

La conversión de un país de inmigrantes a otro de emigrantes es, tal vez, el mejor indicador de la desgracia nacional causada por la revolución chavista. Solo sociedades en situaciones de postguerra han vivido lo que los venezolanos vivimos hoy, gobernados por un régimen incapaz y delincuencial.

El socialismo del siglo XXI defraudó pues la esperanza de millones de personas cuya cotidianidad consiste hoy en hacer interminables colas para comprar productos cada vez más caros, en buscar ansiosamente medicamentos y en cuidarse del hampa que gobierna impunemente en las calles. Al mismo tiempo, una casta de «enchufados» ha acumulado inconcebibles fortunas a través de la corrupción o del narcotráfico. Estamos pues ante un Estado fallido y delincuencial.

Apegado a su proyecto de dominio, esta casta corrupta intenta gobernar sobre la miseria y la angustia de los venezolanos. Pretende doblegarnos y hacernos entrar en un sistema de chantaje basado en un *carnet* y en la entrega periódica de bolsas de comidas. Se trata de una nueva y abominable práctica: la manipulación política del hambre. La amenaza implícita queda de manifiesto en la imagen de los más pobres, quienes deambulan famélicos por las calles y buscan restos de comida en la basura.

El futuro es hoy para los venezolanos, de continuar este proyecto deshumanizador en el poder, simplemente desolador.

V. UNA ESTRATEGIA NACIONAL DE DESARROLLO

La transformación radical de nuestra realidad –desde la pesadilla causada por la revolución socialista hacia una sociedad de libertad, justicia y prosperidad– nos exige contar con una *Estrategia Nacional de Desarrollo*.

Esa estrategia debe tomar debida nota de los procesos que en el pasado nos impidieron avanzar sostenidamente por la ruta del desarrollo integral. El intervencionismo estatal y la dependencia petrolera, la creación de privilegios y la exclusión social, el proteccionismo y la escasa competencia, la indisciplina fiscal y la precariedad institucional son algunos de tales procesos. No es exagerado sostener que, en grado importante, el socialismo del siglo XXI terminó siendo la «fase superior» del estatismo rentista.

La *Estrategia Nacional de Desarrollo* que se propone se define a partir de siete grandes lineamientos:

1. Un Estado democrático y fuerte
   El Estado debe tener el papel fundamental de garantizar y promover la libertad y la justicia. Debe ser un auténtico *Estado de Derecho*. Debe también recaudar y

asignar recursos para el logro de *propósitos colectivos*
en educación, investigación, salud, seguridad social, seguridad ciudadana, vivienda, infraestructura. Debe,
además, garantizar la existencia de reglas generales
que promuevan la *estabilidad monetaria* y la *competencia económica*. En el cumplimiento de tales responsabilidades el Estado mismo tiene que estar sometido
a reglas de *disciplina fiscal* y de *transparencia* que le
impidan crecer sin límites y ocasionar distorsiones al
proceso económico. Un Estado como ese, al servicio de
todos, debe ser *desparasitado* y debe evitarse que sea
colonizado otra vez por grupos perseguidores de privilegios. Tiene que ser, pues, un *Estado fuerte y justo*, con
capacidad para gobernar en función del bien común.

2. <u>Una economía productiva y sostenible</u>
La economía a la que aspiramos debe ser *pujante y di-
versificada*, capaz de incrementar incesantemente sus
niveles de *productividad* y, con ellos, nuestros niveles de
vida. Para eso tiene que ser una *economía de mercado*,
abierta al comercio mundial y basada en la *competencia*. Esto significa que debe ser una economía caracterizada por la libertad para producir, comerciar y consumir, en el marco de reglas que eviten el surgimiento
de monopolios y conductas fraudulentas y que protejan
nuestros *derechos de propiedad*. Un contexto como ese
incentivará constantemente el *emprendimiento* y la innovación. Otras políticas, sin embargo, son necesarias
en este reto de hacer competitiva a nuestra economía.
La capacitación de nuestro *capital humano*, por una

parte, y la *investigación y desarrollo* en materia científica y tecnológica, por la otra, son imprescindibles para generar productos de mayor valor agregado y superar la tendencia a basar nuestro crecimiento en la abundancia de algunos recursos naturales. Por otra parte, nuestro desarrollo económico, para ser *sostenible* y para garantizarnos un hábitat sano, debe guardar constante armonía con el ambiente.

3. Una sociedad pospetrolera

Uno de nuestros retos más importantes consiste en evolucionar desde el *reparto rentista* que ha caracterizado a nuestra sociedad durante más de un siglo hacia el *esfuerzo productivo* como su principio organizador fundamental. La revolución tecnológica que tuvo como base energética al petróleo, nos colocó en una senda de crecimiento dependiente del consumo de crudo por parte, principalmente, de los centros dinámicos del desarrollo económico mundial. Esa condición nos permitió contar con significativos ingresos que hicieron del Estado el gran distribuidor de recursos y sesgaron nuestra dinámica económica hacia la *captura de renta*. Una nueva revolución tecnológica nos abre hoy posibilidades para ir más allá de nuestra condición de *petro-nación*. Pero debemos asumir que el petróleo, aunque será cada vez menos importante, no desaparecerá prontamente como fuente energética. En tal sentido, en una *sociedad pospetrolera* el petróleo debe ser incluido pero trascendido, en el marco de una estrategia de desarrollo. En otras palabras: el petróleo debe servirnos para superar al *rentismo*. Para ello tenemos que ampliar nuestros niveles de producción de crudo, abriendo el sector a la inversión privada nacional e internacional. Debemos crear, también, mecanismos que nos permitan enfrentar la volatilidad en sus precios internacionales. De igual modo, resulta esencial evitar el uso discrecional de la renta petrolera por parte de los gobiernos de turno, componente clave del fenómeno rentista. Tenemos que evaluar la creación de fórmulas institucionales como, por ejemplo, un fondo orientado a financiar la seguridad social, sujeto a una política de democratización, transparencia y rendición de cuentas. De cualquier modo, las decisiones sobre estas materias deben ser objeto de un amplio debate público.

4. Ciudadanos capaces y con oportunidades

La *superación de la pobreza* es, sin duda, el gran desafío histórico que no hemos podido enfrentar exitosamente hasta el presente. El crecimiento es una condición necesaria para superar la pobreza, pero no es suficiente. Más aún, la pobreza puede ser un obstáculo para el crecimiento pues limita el desarrollo de capacidades en las personas. Se trata entonces de un círculo vicioso que debe ser roto por los venezolanos. La clave para lograrlo es *crecer* con altos niveles de *productividad* y generar *empleos de calidad*. Ello implica una eficiente política social, centrada en el desarrollo de las *capacidades productivas* de las personas (y no en su dependencia del Estado) y en la generación de *oportunidades* para que puedan hacer uso de ellas. El papel que el gobierno tie-

ne en esta materia es crítico e indelegable. El acceso a
la educación y a la información, a un ingreso mínimo y
a los derechos de propiedad, a los mercados financieros
y a la administración de justicia, entre otras políticas,
pueden dar a todos los venezolanos, en especial a los hoy
excluidos, la posibilidad real de integrarse en el proceso
de generación de riqueza y bienestar

5. Ciudades y regiones protagonistas

Cada región debe usar el potencial que ofrecen, por una
parte, la *distribución de la población* en el territorio y,
por la otra, un *sistema de ciudades* que concentra el no-
venta por ciento de la población. Cada región, apalanca-
da en su respectivo sistema de ciudades, tiene que asumir entonces tareas esenciales. Las oportunidades que
ofrecen la *aglomeración* y la *especialización* productivas, así como la acumulación del *capital humano*, deben ser aprovechadas al máximo. La *descentralización*
de competencias nacionales, en el marco de un esquema verdaderamente *federal*, es un elemento clave. También lo es la *cooperación* entre los gobiernos regionales y
locales entre sí y con los sectores productivos. En cualquier caso, tienen que crearse mecanismos de *compensación, destinados* a minimizar el riesgo de que una región quede estructuralmente rezagada con respecto a
las otras.

6. Cultura para la democracia y el desarrollo

Ciertas concepciones y prácticas, como la indiferencia
ante lo público o un débil sentido de lo justo, están re-

ñidas con la democracia. La conflictividad política de los últimos años nos ha hecho retroceder en respeto y disposición a dialogar. Hoy, uno de nuestros retos más importante es conjurar el odio en la política. Debemos emigrar de la política intolerante a la *democracia dialogante*, que asume la *pluralidad* de posiciones y busca acuerdos con apego a una concepción compartida de *lo justo*. De modo similar, el desarrollo requiere del llamado *capital social*, es decir, las relaciones de confianza que nacen de la buena voluntad de las personas. La escuela, la familia, la empresa y otros espacios de interacción social deben promover el florecimiento de valores y hábitos como la *responsabilidad*, la *honestidad*, la *cooperación*, el *respeto*. No menos importante resulta, para nuestro progreso, el cultivo de la *fraternidad* —es decir, la preocupación activa por el sufrimiento de nuestros semejantes, en especial de los más necesitados—. Al fin y al cabo, la economía y la política no pueden funcionar bien en un entorno moral pobre. Algo que los venezolanos hemos aprendido de manera traumática.

7. Una nueva democracia

Los venezolanos debemos reinventar nuestro proceso político. Debemos, ante todo, rediseñar algunas de las instituciones que lo regulan. La reelección presidencial indefinida ha demostrado que puede ocasionar graves distorsiones, permitiendo que quienes gobiernan abusen del poder del Estado para perpetuarse en su ejercicio. Tenemos que evaluar entonces opciones como la *reducción de la duración del período presidencial* a cuatro años, con la posibilidad de una sola reelección, o la fijación de ese período en cinco años, sin reelección. De igual modo, debemos considerar la pertinencia de la *doble vuelta* en las elecciones presidenciales, a los fines de elevar la legitimidad y la gobernabilidad democrática. Estos cambios deben ser complementados con la necesaria *transformación de los partidos políticos*. Entre éstos y la ciudadanía debe formularse un nuevo pacto histórico. Los partidos deben comprometerse, entre otras cosas, a desarrollar sus propuestas estratégicas y programáticas, implementar sistemas de debate permanente con el resto de la sociedad, crear programas de formación política para militantes y para la ciudadanía, rendir cuentas periódicamente, adoptar esquemas organizativos que atiendan al carácter federal del país, realizar periódicamente elecciones internas. Estos cambios darán legitimidad a la decisión de restablecer el *financiamiento estatal de los partidos*. De manera similar, la sociedad civil debe profundizar su tarea de observación, evaluación y denuncia en materia de leyes y políticas públicas.

VI. UN GOBIERNO DE UNIDAD DEMOCRÁTICA

La recuperación de la libertad y de la democracia traerá consigo tiempos complejos. La creación de una alianza plural entre los sectores políticos democráticos –quienes defienden la vigencia de la Constitución y se oponen al fraude constituyente– resultará imprescindible para alcanzar la gobernabilidad y para avanzar en la enorme tarea de construir el país que deseamos. Necesitamos un *centro político*, una zona de acuerdos entre demócratas.

La alianza se concretará en la conformación de un *Gobierno de Unidad Nacional*, que surgirá de un proceso electoral libre y justo. Corresponderá a ese Gobierno, de acuerdo con la *Estrategia Nacional de Desarrollo* antes esbozada, ejecutar un *Plan Mínimo Compartido*.

En esta tarea, el *Gobierno de Unidad Nacional* deberá convocar a todos los sectores nacionales y mantener una comunicación fluida y oportuna con la opinión pública, garantizando que el país conozca y comprenda las medidas que se tomarán. De igual modo, deberá desarrollar una activa política internacional, orientada a apuntalar el apoyo de los gobiernos democráticos del mayor número posible de países, en especial de la región.

El Gobierno, en cooperación con diversas organizaciones civiles, deberá también desarrollar una estrategia de *reconciliación* entre los venezolanos, luego de tantos años de degradación del lenguaje político y de prácticas intolerantes.

La *Fuerza Armada Nacional Bolivariana* deberá enfrentar, en cumplimiento de su responsabilidad constitucional, cualquier eventual amenaza a la paz. Su tarea supondrá siempre el estricto respeto al Estado de Derecho y, en especial, a los derechos humanos.

VII. UN PLAN MÍNIMO COMPARTIDO

Un Gobierno de Unidad Nacional deberá contar con un Plan

que comprenda un conjunto de políticas consensuadas, a ser
puesto en marcha en un lapso perentorio. Dados los problemas que atenderán y las metas que se propondrán, estas políticas tendrán efectos en diferentes períodos.

A. Acciones orientadas al corto plazo

1. **Emergencia social.** Políticas orientadas a acabar
   con el hambre y la desnutrición y a garantizar la
   atención médica y el suministro de medicinas, en
   especial a los sectores más pobres.

1.1. Declarar la emergencia humanitaria y hacer efectiva
   la ayuda internacional en materia de medicinas
   y alimentos, atendiendo a criterios de necesidad y
   prioridad.

1.2. Reactivar acuerdos de importación de alimentos existentes con otros países y facilitar las importaciones de
   materias primas e insumos para la inmediata reacti-
   vación de las cadenas agroalimentarias vinculadas a
   la canasta alimentaria de la familia venezolana.

1.3. Adecuar los programas de alimentación escolar
   a la situación de emergencia social, garantizando
   desayuno y almuerzo a nuestros niños.

1.4. Desarrollar programas de vacunación masiva.

1.5. Rescatar el sistema de atención primaria de salud,
   con dotación de recursos humanos calificados,
   insumos y medicamentos.

1.6. Dotar de quirófanos de excelente calidad a, al menos, un hospital en cada ciudad capital de Estado.

1.7. Bancarizar a los sectores excluidos.

1.8. Instrumentar el Programa de Emergencia Social (PES), a través de mecanismos transitorios de transferencias monetarias, de distribución de medicinas y de atención a la salud.

1.9. Implementar medidas de emergencia para estabilizar el suministro de agua segura para el consumo humano y productivo. Se constituirá un fondo de emergencia para reparaciones inmediatas de sistemas de acueductos, cloacas y drenajes.

1.10. Realizar un censo nacional, insumo imprescindible para el diseño de políticas públicas.

1.11. Reactivar el funcionamiento del mercado de viviendas para la venta y para el alquiler, con participación pública y privada.

2. **Emergencia económica.** Políticas destinadas a recuperar el crecimiento económico con estabilidad de precios.

2.1. Definir las políticas económicas que permitan la unificación y liberación cambiaria, conciliando el tratamiento del tipo de cambio con objetivos de crecimiento con baja inflación y soporte de la competitividad.

2.2. Permitir el normal funcionamiento del sistema de precios. Se promoverá la competencia mediante una

adecuada política antimonopólica y se diseñará una
eficiente política de protección de los derechos de consumidores y usuarios.

2.3. Implantar una política que promueva el comercio
exterior y la integración económica.

2.4. Restablecer la autonomía del BCV y acabar con el
financiamiento monetario del déficit fiscal.

2.5. Restablecer la unidad del Tesoro, eliminando fondos
parafiscales.

2.6. Restituir dos figuras constitucionales claves: el
Acuerdo Anual de Políticas Económicas (art. 320) y el
Marco Plurianual de Presupuesto (art. 311).

2.7. Implementar una estrategia sostenible de manejo de
pasivos estatales, la cual incluye la renegociación de la
deuda externa.

2.8. Acceder a recursos financieros internacionales en los
mejores términos para la República y que permitan
atender la estabilización de la economía.

2.9. Abrir el sector petrolero a la inversión privada,
nacional e internacional, con el fin de rescatar nuestra
industria petrolera e iniciar el sostenido crecimiento
de la producción de crudo.

2.10. Estimular oportunidades de inversión y participación
al sector privado en la economía, dentro de un marco
de seguridad jurídica, vigencia del principio de la
propiedad privada, el respeto a las libertades económicas y la protección de la libre competencia.

2.11. Crear el Gabinete de Infraestructura para la Emergencia, que desarrolle modernas soluciones, con criterios de sostenibilidad, expansión de las fuentes de empleo e inversión y financiamiento público y privado.

3. **Emergencia institucional.** Políticas destinadas a restablecer el Estado de Derecho y la plena vigencia de la Constitución de 1999.

3.1. Reformar o derogar leyes violatorias del orden constitucional.

3.2. Liberar a los presos políticos y anular las inhabilitaciones ilegales a dirigentes políticos.

3.3. Adecuar el Poder Judicial a los mandatos constitucionales.

3.4. Implementar el sistema de concursos para todas las posiciones de la carrera judicial que tengan tal previsión legal, minimizando la existencia de jueves provisorios

3.5. Depurar el Registro Electoral Permanente.

3.6. Recuperar la institucionalidad de la FAN, a través de su profesionalización y del estricto cumplimiento de lo previsto en la Constitución.

3.7. Activar los mecanismos de interdependencia y cooperación entre los poderes públicos.

3.8. Crear una Comisión contra la Impunidad y diseñar

un sistema de justicia transicional, con apoyo
internacional.

3.9. Revisar las medidas ejecutadas en contra de los
derechos de propiedad en violación al marco constitucional y diseñar los mecanismos de reparación a los
perjudicados.

3.10. Desarrollar una estrategia de profesionalización de
nuestro servicio exterior.

3.11. Instrumentar un mecanismo que haga posible la repa-
triación de capitales asociados a la corrupción.

3.12. Coordinar la acción policial y militar para la identificación, abordaje y minimización de las principales
bandas delincuenciales del país.

3.13. Ejecutar un Plan judicial especial que permita la ace-
leración de causas, el descongestionamiento de los
retenes y la construcción de nuevas cárceles.

3.14. Acometer un intenso y eficaz programa de desarme
de la población civil, en especial de cuerpos
paramilitares.

B. Acciones orientadas al mediano y largo plazo

4. **Superación de la pobreza.** Políticas destinadas a
promover el desarrollo de capacidades productivas de
los venezolanos y de oportunidades para que puedan
hacer el mejor uso de ellas.

4.1. Adoptar una visión estratégica basada en el desarrollo

de capacidades de los ciudadanos a lo largo de su ciclo vital.

4.2. Reformular y potenciar los sistemas de protección social, mediante inversión social y transferencias directas en forma regular, a la población más vulnerable.

4.3. Titularizar y formalizar la propiedad de viviendas y terrenos en los sectores populares.

4.4. Rediseñar el sistema educacional, a fin de adaptarlo a las necesidades de la sociedad del conocimiento, del desarrollo sostenible y de los procesos de innovación.

4.5. Implantar un sistema federado de pagos en materia de prestación de servicios y de un sistema de gobierno sanitario en red.

4.6. Crear, en materia de recursos públicos destinados a la salud, un sistema de pagos a proveedores privados con base en la prestación efectiva de servicios médicos.

4.7. Implantación de programas educativos en materia de salud preventiva.

4.8. Diseñar e implantar un sistema integral de pensiones que logre articular un esquema de solidaridad intergeneracional con un esquema de capitalización individual, satisfaciendo, de forma simultánea, los objetivos de solidaridad y de viabilidad financiera.

4.9. Rescatar los espacios públicos en zonas populares, a través de la recomposición, reparación y

mantenimiento de áreas verdes, parques, calles y
avenidas.

5. Transformación productiva. Políticas orientadas
a diversificar la economía venezolana y a elevar, de
manera sustentable, sus niveles de productividad.

5.1. Diseñar y ejecutar un plan de inversiones estatales
y privadas en materia de prestación de servicios
públicos.

5.2. Fortalecer el marco regulatorio del sistema financiero venezolano, con el fin de impulsar, entre otros
objetivos, la recapitalización de los bancos.

5.3. Promover el desarrollo del mercado de capitales.

5.4. Simplificar los trámites y procesos legales para
estimular el emprendimiento y la formación de
Pequeñas y Medianas Empresas (pymes).

5.5. Desarrollar una estrategia de rescate y recuperación
de las universidades públicas, que promueva la exce-
lencia académica, garantice la inclusión social y cree
fórmulas para la sostenibilidad financiera.

5.6. Articular programas con universidades y escuelas
técnicas para la inserción de talentos a la actividad
productiva y preparar a los docentes para el reto de la
productividad en la sociedad del conocimiento.

5.7. Desarrollar un proyecto que estimule el retorno de
emigrados con conocimientos y experiencias útiles

para la transformación productiva de la economía
venezolana.

5.8. Crear el Consejo Nacional para la Productividad.

5.9. Fortalecer los mecanismos de diálogo social orien-
tados a mejorar las relaciones entre empleados y
empleadores.

5.10. Promover iniciativas en la actividad minera dentro
del marco de la promoción de inversiones y respeto
a los estándares globales y nacionales de protección
ambiental.

6. **Reestructuración del Estado.** Políticas destinadas a crear un Estado garante de la libertad y de la
justicia, transparente y abierto a la participación,
promotor del desarrollo económico y social.

6.1. Recuperar el concepto de Estado Federal y Descentra-
lizado, así como la organización de las competencias y
recursos en los diferentes niveles de gobierno, tal como
lo establece la Constitución.

6.2. Diseñar mecanismos que disminuyan el uso discrecional de la renta petrolera por parte de los gobernantes
de turno. La creación de un Fondo Petrolero para el
ahorro y la inversión social debe ser considerada.

6.3. Racionalizar la estructura y funcionamiento de la
Administración Pública Central y de sus organismos
adscritos.

6.4. Simplificar procesos administrativos y orientarlos a la
atención al ciudadano.

6.5. Profesionalizar la gerencia pública en todos sus
niveles y establecer un sistema de concursos para el
ingreso a la administración estatal.

6.6. Reinstitucionalizar los cuerpos policiales del país,
devolviéndoles la meritocracia, elevando las con‐
diciones socioeconómicas del funcionario policial,
restaurando la moral de cuerpo y mejorando sustan‐
cialmente los esquemas de formación y capacitación,
el equipamiento y la modernización tecnológica.

6.7. Crear un mecanismo eficiente de compensación
interterritorial.

6.8. Implementar mecanismos de venta de activos y de
empresas del Estado, garantizando transparencia
de las operaciones y cuidando sus efectos sociales y
regionales.

6.9. Rescatar a PDVSA como empresa nacional y convertir‐
la en una empresa global y competitiva, bien adminis‐
trada y transparente.

6.10. Aplicar las prácticas de buen gobierno, transparencia
y rendición de cuentas en todos los niveles de la admi‐
nistración pública.

6.11. Avanzar en la creación del gobierno «inteligente»
y «en red», a partir del uso de las tecnologías de la
información.

6.12. Desarrollar una perspectiva comunitaria en el diseño
y ejecución de políticas públicas.

6.13. Garantizar la autonomía de las distintas formas de
participación popular, en especial, de los Consejos
Comunales.

6.14. Adelantar una política internacional de Estado
con sentido nacional y cooperativo, que atienda a
consensos reales y a nuestros intereses perdurables.

6.15. Revisar acuerdos bilaterales y multilaterales para
adecuarlos, en el marco de la legalidad internacional,
a nuestros intereses nacionales.

VIII. CIUDADANOS REBELDES

Los días que corren van dejando una estela de imágenes de
coraje y heroísmo cívico. Ciudadanos anónimos se plantan
frente a quienes ejercen un poder dictatorial para manifes-
tarles que no aceptarán más humillaciones. Se trata, propiamente, de actos de rebeldía.

Esos actos pueden y deben producirse en todos los ámbitos
que nos sea posible. Cada ciudadano está investido de la legitimidad que le otorga la Constitución para actuar en contra
de la dictadura. Cada uno de nosotros es portador del futuro de libertad, justicia y prosperidad que deseamos para todos. Una minoría corrompida, mediocre y dogmática no podrá jamás imponernos su proyecto de dominio y saqueo si
cada ciudadano se rebela.

Vivimos tiempos difíciles que no acabarán pronto. No importa, sin embargo, el costo que pagaremos pues nuestra causa

es justa. Algún día, desde ese futuro de paz y bienestar por el
que hoy luchamos, veremos hacia el pasado y recordaremos
estos tiempos. Sentiremos entonces que rebelarnos contra el
oscurantismo y la opresión era lo correcto. Estaremos orgullosos de haber participado y sabremos, por experiencia propia, que solo merecen la libertad y la justicia los pueblos que
están dispuestos a defenderlas con valentía.

HABLEMOS DE INFLACIÓN Y MERCADO

La Patilla | 18.02.2014

Hace varios días conversaba con un amigo –demócrata cabal y, por tanto, opositor– sobre la llamada Ley de Precios Justos. Me preguntó si no pensaba yo que los márgenes de ganancia en Venezuela eran excesivos. Me dijo que, a su juicio, muchos empresarios venden los productos a precios muy superiores a los que les costó producirlos o importarlos. Que esa era la causa de la inflación. Concluyó confesándome, preocupado, que no encontraba cómo oponerse a esa ley socialista.

Mi primera respuesta consistió en devolverle otra andanada de preguntas. ¿Has pensado por qué sólo hay inflación en Venezuela (y en un par de países más)? ¿Es que acaso se concentran aquí todos los especuladores? ¿Tiene sentido que un empresario eleve los precios de sus productos hasta que nadie se los compre? ¿Acaso es lo mismo obtener una ganancia de, digamos 10%, en una economía estable, a obtenerla en una de las economías de mayor riesgo del planeta? ¿Habrá o no una relación entre el alza de todos los precios y el aumento en la cantidad de dinero que circula en la economía? ¿Y no está ocurriendo que la cantidad de dinero crece desmesuradamente porque el Banco Central está financiando al gobierno? ¿Sabes que ningún país que haya superado la inflación lo ha logrado controlando precios y persiguiendo a empresarios, sino manejando responsablemente su política económica y promoviendo la competencia?

Mi amigo quedó algo aturdido con este interrogatorio. Y me pidió algún tiempo para meditar sobre el asunto.

Este intercambio de preguntas refleja uno de los problemas más importantes que, en mi opinión, enfrentamos hoy. No contamos con un conjunto mínimo de acuerdos que nos permita salir de la crisis en la que nos ha hundido el socialismo y construir una economía próspera y productiva. Una tarea política ineludible es promover un debate amplio y serio al respecto.

En ese debate yo defenderé a la «economía social de mercado» como la mejor opción. Esta doctrina –que, a pesar de lo que su nombre sugiere, es más que una propuesta económica– ha demostrado su capacidad para hacer que el progreso económico y la productividad creciente redunden en provecho del consumidor; es decir, del pueblo. El mejor ejemplo de ello fue Alemania, luego de la segunda Guerra Mundial.

Algunos de los postulados que defiende esta doctrina tienen relevancia para nosotros:

1. *El precio refleja la valoración que hacen los consumidores de un producto.* Es esta valoración lo que hace que estemos dispuestos a pagar los costos en los que se incurrió en la producción de lo que deseamos. Si un producto es muy valorado su precio será alto, independientemente de los costos para producirlo.

2. *La función empresarial cumple la tarea de coordinar el proceso económico.* La función empresarial (que no es

lo mismo que el llamado sector empresarial) es cumplida por cualquiera que, ante oportunidades de mercado asociadas a cambios en las valoraciones de los consumidores, en la tecnología o en otras cosas, genera productos para obtener alguna ganancia. Ese proceso creador supone articular recursos productivos de diversa naturaleza y competir con otros proveedores. La ganancia es el ingreso que se logra por desempeñar exitosamente esta función de coordinación, realizando un cálculo acertado sobre los precios de productos e insumos.

3. *La mejor forma de favorecer al consumidor es mediante la competencia entre empresarios.* Una economía basada en la libertad y la competencia logra compatibilizar el interés individual y el interés general, en una forma no igualada por ningún otro tipo de economía. La razón es que, cuando hay competencia, el empresario sólo puede lograr su propio éxito en la medida en que sirve al consumidor. Y ello le impulsa a ser más productivo y a disminuir sus costos y sus precios.

4. *La inflación es un fenómeno monetario.* La inflación está siempre asociada al crecimiento sostenido de la cantidad de dinero, crecimiento que excede significativamente al de la producción de bienes y servicios. Una de las razones de ese desequilibrio es el uso de los bancos centrales para financiar los déficits gubernamentales. En tal sentido, el principal culpable de la inflación venezolana es el Directorio del BCV, el cual viola flagrantemente el artículo 320 de la Constitución, que dice: «En el ejercicio de sus funciones el Banco Central

de Venezuela no estará subordinado a directivas del Poder Ejecutivo y no podrá convalidar o financiar políticas fiscales deficitarias».

Espero que mi amigo halle aquí algunos elementos útiles para continuar nuestro debate particular sobre el tema. Y que algunos políticos y ciudadanos se animen a promoverlo en todos los espacios que tengan a su alcance. Es una condición necesaria, pienso, para la tarea de reconstrucción de nuestra economía que, más temprano que tarde, deberemos asumir.

«BIFURCACIÓN»: ELEGIR ENTRE DOS VISIONES

Papel Literario, *El Nacional* | 03.10.2011

Una visión es una mezcla de ideales y de concepciones. Es un esbozo de la sociedad en la que deseamos vivir, pero también de la sociedad en la que creemos vivir. Es, además, un bosquejo del camino a seguir para avanzar de una a otra sociedad. Una visión es, en cierta forma, una narración que nos sirve para organizar al mundo, para dotarlo de sentido y de dirección, para actuar en él. Una sociedad lo es, en buena medida, porque la mayoría de quienes la integran posee una visión en común.

Durante buena parte de la segunda mitad del siglo XX, la mayoría de los venezolanos compartió una visión. Esta se basaba en la esperanza del progreso en el contexto de una democracia recién estrenada. Teníamos la convicción de que nuestra sociedad poseía un gran potencial para elevar el bienestar de todos y que, de hecho, ya éramos una sociedad rica. Nuestro problema fundamental era conseguir que el Estado obtuviese la mayor renta posible de nuestros tesoros subterráneos y la repartiese equitativamente entre todos. Esa visión, que podemos llamar «demorrentista» atendiendo a dos de sus principales componentes, democracia y rentismo, ha venido perdiendo su vigencia entre nosotros. Una crisis múltiple la ha cuestionado desde hace varias décadas. Y a pesar de que muchos aún son portadores de ella, una parte significativa de la sociedad viene dándole forma a otras visiones de la sociedad que somos y de la que debemos ser.

Una de tales visiones, orientada hacia el pasado, rescata el relato de la patria mítica y de la emancipación, enmarcándolo en la interpretación de la historia como lucha de clases, con el fin de alcanzar la utopía de la sociedad de iguales. Otra visión, volcada hacia el futuro, propone nuestra conversión en una sociedad que se desarrolla, una sociedad justa que garantiza a cada persona sus derechos humanos y le ofrece oportunidades para desplegar libremente su capacidad creadora. Podemos calificar a la primera visión como «neocomunista» y a la segunda como «creadora». El predominio de una u otra en el sentir y en el pensar de los venezolanos es el tema fundamental de nuestro tiempo. Estamos, en tal sentido, en un punto de bifurcación, una coyuntura en la que debemos colectivamente tomar una decisión histórica sobre qué camino seguir, qué nuevo sistema construir.

La visión neocomunista nos cuenta una historia de justicia social, de revolución, de hegemonía cultural, de enemigos de clases, de poder popular, de democracia directa, de propiedad social, de planificación central, de pueblo en armas, de comunas, de Estado comunal, de centralismo, de multipolaridad. La visión creadora nos habla de derechos humanos, de inclusión, de diversidad cultural, de interlocutores, de Estado de Derecho, de democracia moderna, de propiedad privada, de emprendimiento, de ciudadanía, de desarrollo local, de Estado promotor, de federalismo, de institucionalidad global. Punto a punto, las visiones «neocomunista» y «creadora» pueden y deben ser contrastadas. Es lo que he intentado hacer en mi libro *Bifurcación*.

Advierto que, como autor y como venezolano, no he pretendido ubicarme en una posición neutral ante ambas visiones. Tal posición no existe en esta materia: nadie puede no tener una visión. Lo que digo lo digo, pues, desde una visión, la visión creadora de nuestra sociedad. Fijar posición, sin embargo, no significa subestimar al adversario y convertirlo en un «enemigo de paja» que se pueda derrotar con facilidad. Por ello he tomado muy en serio a la visión neocomunista. He tratado de identificar sus mejores argumentos, su estructura profunda, sus conexiones emocionales. Pienso que sólo podremos promover con fuerza y convicción la visión creadora si comprendemos adecuadamente el formidable rival que constituye la visión neocomunista.

Unas palabras finales me parecen necesarias para evitar malentendidos. A mi juicio, la distinción entre una visión neocomunista y una visión creadora no se corresponde con la división entre el llamado «chavismo» y la oposición. Sostengo que la visión neocomunista es encarnada sólo por una parte radicalizada del chavismo mientras que la visión creadora es o podría ser compartida por amplios sectores tanto del chavismo como de la oposición. La visión creadora podría servir entonces para que los venezolanos recuperemos el centro democrático y reconstruyamos nuestra comunidad política. Esa es, al menos, mi esperanza.

ROBERTO CASANOVA

Ensayista venezolano. Economista egresado de la Universidad Central de Venezuela (UCV), con estudios de Maestría en Historia de las Américas en la Universidad Católica Andrés Bello (UCAB). Es profesor en la Universidad Metropolitana (Unimet). Ha sido investigador invitado en el Instituto de Iberoamérica (Universidad de Salamanca) y en el Instituto Walter Eucken (Universidad de Friburgo). Fue profesor en la UCV y en la UCAB, e investigador en el IESA. Fue Coordinador y docente del Diplomado en Economía Social de Mercado (KAS-UCAB). Miembro fundador de la A.C. Liderazgo y Visión. Ocupó varios cargos públicos en los años 90, entre ellos: Gerente de Privatización (Fondo de Inversiones de Venezuela), director de Programación de Inversiones (Oficina Presidencial de Coordinación y Planificación) y Coordinador de Proyectos de Descentralización. Autor de varios libros y articulista ocasional.

OTRAS OBRAS DE ROBERTO CASANOVA:

***Dignidad y desarrollo: breve tratado
sobre ordoliberalismo y economía social
de mercado***, 2021
PDF de libre descarga:
https://dialogopolitico.org/libros/dignidad-y-desarrollo-
breve-tratado-sobre-ordoliberalismo-y-economia-
social-de-mercado/

Un sueño para Venezuela (en coautoría con
Gerver Torres), 2020

PDF de libre descarga:
https://cedice.org.ve/avada_portfolio/un-sueno-para-vene-
zuela-por-roberto-casanova-y-gerver-torres/

Versión impresa:
https://www.amazon.com/-/es/Roberto-Casanova/dp/
B08974G7RM/ref=sr_1_1?__mk_es_US=%C3%85M%-
C3%85%C5%BD%C3%95%C3%91&crid=2BPE30CP-
16GLI&keywords=un+sue%C3%B1o+para+venezuela&
qid=1670865787&sprefix=un+sue%C3%B1o+para+
venezuela%2Caps%2C173&sr=8-1

Libertad, emprendimiento y solidaridad:
10 lecciones sobre economía social
de mercado, 2015

Versión electrónica:

https://www.amazon.com/-/es/Roberto-Casanova-ebook/
dp/B082Y79HCN/ref=sr_1_7?__mk_es_US=%C3%85M%
C3%85%C5%BD%C3%95%C3%91&crid=21RXCNS75G4CI&
keywords=roberto+casanova&qid=1670865893&sprefix=
roberto+casanova%2Caps%2C144&sr=8-7

Bifurcación: neocomunismo o libertad, 2011

PDF de libre descarga:
https://cedice.org.ve/avada_portfolio/bifurcacion-
neocomunismo-o-libertad-por-robeto-casanova/
?portfolioCats=27

Versión electrónica:
https://www.amazon.com/-/es/Roberto-Casanova-ebook/
dp/B07NX1WSBX/ref=sr_1_2?__mk_es_US=%C3%85M%-
C3%85%C5%BD%C3%95%C3%91&crid=21RXCNS75G-
4CI&keywords=roberto+casanova&qid=1670866030&s-
prefix=roberto+casanova%2Caps%2C144&sr=8-2